Alexander Egger

Hoffnung, die unter die Haut geht

Endlich frei von Neurodermitis

SCM Hänssler

SCM

Stiftung Christliche Medien

MIX
Papier aus verantwortungsvollen Quellen
FSC® C006701
FSC www.fsc.org

Internet: www.scm-haenssler.de · E-Mail: info@scm-haenssler.de

Dieses Buch wurde aufgeschrieben von Susanne Reddig.
Kontakt: biografieservice@susanne-reddig.de

Umschlaggestaltung: Kathrin Retter, Weil im Schönbuch
Titelbild: Copyright Jakob Lang, www.jakoblang.com
Satz: typoscript GmbH, Walddorfhäslach
Druck und Bindung: CPI – Ebner & Spiegel, Ulm
Gedruckt in Deutschland
ISBN 978-3-7751-5435-2
Bestell-Nr. 395.435

Inhalt

Ich widme dieses Buch Gott und
dem Menschen, der es gerade liest.

Ein persönliches Vorwort

Sie nannten mich Zombiegesicht. Mein Körper war mit Wunden bedeckt, meine Lider hingen herab – niedergedrückt von Eitergeschwüren. Damals war ich in der ersten Klasse und lernte, dass das Leben manchmal ungerecht ist. Mittlerweile bin ich Mitte dreißig und weiß, dass es Hoffnung gibt. Ich erlebte einen Wendepunkt in meinem Leben und anschließend sogar ein Wunder.

Obwohl mir meine Lehrerin sagte: »Aus dir wird nichts«, und ich ihr glaubte, habe ich mittlerweile studiert, mich selbstständig gemacht und arbeite nun als Unternehmensberater und Motivationsredner – mit Gottes Hilfe.

Schwierigkeiten sind mir vertraut, sowohl aus der Zeit meiner Krankheit als auch aus meinem Leben als gesunder Mensch. Nachdem ich gesund wurde, musste ich mühsam lernen, mich Herausforderungen zu stellen und Dinge anzupacken. Deshalb schreibe ich dieses Buch – um anderen Menschen Mut zu machen. Auf meinen Seminaren betone ich oft, dass es innerhalb der vorhandenen Möglichkeiten immer einen Handlungsspielraum gibt. Das weiß ich aus eigener Erfahrung. Wichtig ist, dass uns die Probleme in unserem Leben nicht gefangen nehmen, sondern dass wir eine wunderbare Hoffnung haben, die in unserem Herzen schlagen kann. Ich hätte mir nie träumen lassen, dass es mir einmal besser gehen würde: dass ich morgens gerne aufstehen würde, mich auf meine Familie und die Aufgaben in meiner Firma freue und immer wieder überrascht werde von positiven Erlebnissen, sei es durch das Feedback von Menschen oder Situationen, die ich als Geschenk betrachte. Sie inspirieren mich und erneuern die Hoffnung, dass im Leben sehr viel Gutes passieren kann.

Es kann sein, dass Sie gerade in einer schwierigen Situation feststecken, aus der Sie keinen Ausweg mehr sehen. Es kann sein, dass Sie mit einer Herausforderung zu kämpfen haben, die wie ein Riese vor Ihnen steht. In Büchern und Fernsehsendungen wird immer wieder erklärt, dass man nicht nur ein Opfer des Schicksals ist, sondern dass man eine Herausforderung aktiv anpacken kann. Aber in der Praxis stehen wir diesem Riesen meistens erstarrt, zitternd und in falscher Ohnmacht gegenüber. So wie die Israeliten Goliath gegenüberstanden. Doch David griff an – mit Gottes Hilfe. Und siegte.

Am Abgrund

Der Aussatz zerfrisst seine Haut. Als Vorbote des Todes verzehrt er seinen Körper.

Hiob 18,13

Am Abg

Juli 1996. Unter mir breitet sich das Panorama von Salzburg aus. Die Stadt mit ihren hellgrauen Kirchtürmen und den mintfarbenen Dächern ruht im gleißenden Sonnenlicht, als verspräche sie Freude und Glück. Der Himmel strahlt blau, die Alpen erstrecken sich träge in der Ferne. Unter mir in der Tiefe fahren bunte Autos durch die Straßen, Menschen gehen hin und her. Ich wäre auch gerne so fröhlich wie sie. Doch ich bin anders. Ein Aussätziger. Vom Scheitel bis zur Sohle habe ich Narben und nässende Wunden. Jede Faser meiner Haut schmerzt. Ich will mich kratzen, den Schorf abziehen, die Narben aufreißen, damit sie nicht mehr spannen und ich mich wieder bewegen kann. Doch ich bin müde. Hoffnung auf Heilung gibt es für mich nicht. Meine Neurodermitis ist einer der schlimmsten Fälle, die die Ärzte in Deutschland und Österreich je zu Gesicht bekommen haben.

Ich stehe auf dem Mönchsberg am Rande einer Steilwand, fünfzig Meter über der Stadt – jedoch nicht, um die Aussicht zu genießen. Ich stehe hier, um zu springen. Schnell soll mein Tod sein und sicher. Ich bin siebzehn Jahre alt. Siebzehn Jahre sind genug. Ich kann mich nicht weitere Jahre nachts schlaflos vor Schmerzen im Bett herumwälzen, bis ich um fünf Uhr erschöpft einschlafe. Ich will nicht mehr Gesichter sehen, die sich schockiert abwenden, wenn ihr Blick mich streift. Ich will nicht mehr vorm Zähneputzen das Licht ausschalten müssen, damit ich mich nicht im Spiegel sehe.

In meinem Herzen ist es finster.

Ich will nicht mehr.

Die Tiefe gähnt unter mir, der Blick abwärts macht mich schwindelig. Ich stelle mir vor, wie mein eiternder Körper auf dem Asphalt aufschlägt. Einen kurzen Augenblick zögere ich noch.

Ich verabschiede mich vom Leben, während mein Blick ziellos über die Dächer der Stadt schweift. Erinnerungen steigen hoch. Fast jede Szene aus meinem Leben, die an mir vorüberzieht, festigt meinen Entschluss zu springen. Ich frage mich, ob es auch hoffnungsvolle Momente in meinem Leben gab. Momente, die mir vielleicht doch eine Perspektive geben könnten.

Patchworkfamilie

Daraufhin setzte Hiob sich mitten in die Asche und kratzte sich mit einer Tonscherbe.

Hiob 2,8

Meine Mutter Monika erinnert sich:

Ich war noch blutjung, neunzehn Jahre alt, und frisch verheiratet, als ich mit Alexander schwanger wurde. Er war ein Wunschkind und mein Mann und ich haben uns natürlich sehr auf unser erstes Kind gefreut. Die Schwangerschaft verlief ganz normal. Bis kurz vor der Geburt ging ich noch als Gehilfin in der Augenabteilung eines Krankenhauses arbeiten. Das war im Sommer 1978. Auch die Geburt verlief schnell und unkompliziert. In der Frühe kam ich in den Kreißsaal; gegen 10 Uhr war Alexander dann schon geboren. Natürlich habe ich mich sehr gefreut, als er auf die Welt kam.

Mein Mann war überglücklich. Er kümmerte sich sehr um den Kleinen, wickelte ihn, fütterte ihn und spielte mit ihm. Für mich war das Muttersein hingegen schon eine gewaltige Umstellung. Nun war ich immer zu Hause. Mühsam und belastend wurde es aber erst, als Alexander diese wunden Stellen am Körper bekam, einen roten Po mit Pickeln und schuppigen Ausschlag am Kopf. Damals war er drei Monate alt. Nächtelang schrie er vor Schmerzen, man konnte ihn kaum beruhigen, tagsüber war ich dann fix und fertig und musste völlig übermüdet die Hausarbeiten erledigen. Natürlich sind wir mit ihm zum Arzt gegangen. Der stellte eine Neurodermitis fest. Das sagte mir zuerst nicht viel. Ich dachte mir: »Okay, er ist halt nicht gesund, es juckt und kratzt ihn.« Aber mehr wusste ich darüber nicht. Die Ärzte verkündeten auch nichts Konkretes: Es könne bald vorübergehen, es könne dauern … Dass diese Krankheit nicht wegzubringen ist, erfuhr ich erst viel später. Um Alexanders Haut zu behandeln, musste ich zum Beispiel Ölhauben machen. Ich habe die Kopfhaut meines Babys dick mit Öl eingerieben und ihm eine Kopfbedeckung aufgesetzt, die er über Nacht tragen musste. Doch viel geholfen hat das nicht.

Und dann immer dieses ständige Brüllen … Einerseits tat mir mein Junge leid, in seinem Zustand und mit seinen Schmerzen. Aber ich war auch total wütend, dass er nicht aufhörte zu schreien. Ich hatte mit ihm getan und gemacht, was ich konnte: einpinseln, cremen, füttern und wickeln, damit alles trocken ist, Ölbäder … aber es wurde einfach nicht besser. Ganz hilflos und wütend fühlte ich mich da.

Wie die meisten Menschen kann ich mich nicht an die ersten zwei, drei Jahre meines Lebens erinnern, aber meine Eltern, Großeltern und meine Uroma haben mir von dieser Zeit erzählt. Das Drama meiner Kindheit spielte sich vor einer Postkartenidylle ab: einem Vorort von Salzburg, an der Stadtgrenze, in Fürstenbrunn. Der Ort liegt am Untersberg, der mit seinen 1973 Metern majestätisch aus der Landschaft ragt. An klaren Tagen kann man vom Gipfel über das nahe gelegene Salzburg blicken, während man in einiger Entfernung die Alpen sieht. Von unten betrachtet wirkt der Untersberg am frühen Morgen, wenn er von Wolkenschwaden verhangen ist, besonders geheimnisvoll – passend zu den Sagen, die sich um ihn ranken.

Die Kinder in Fürstenbrunn fuhren im Winter Ski, spielten im Sommer am Ufer der Glan, die durch Salzburg fließt und die Stadt mit Trinkwasser versorgt, und spielten Verstecken in der Nähe des Steinbruchs, in dem der »Untersberger Marmor« gewonnen wird, aus dem auch der weiß leuchtende Salzburger Dom erbaut wurde.

Doch ich verbrachte die meiste Zeit meiner Kindheit im Haus. Unsere große Eigentumswohnung sehe ich noch genau vor mir: stets sauber und aufgeräumt, teure, orangefarbene Designer-Sitzwürfel vor spiegelnden, dunklen Glasfronten. Meine Mutter putzte oft und legte großen Wert auf ein gepflegtes Äußeres bei Menschen und Dingen.

Wir konnten uns die modernen, eleganten Möbel leisten, denn mein Vater arbeitete viel. Als Techniknarr war er verliebt in Motoren aller Art, er besaß eine Jacht und mehrere Autos. Geldsorgen kannten wir mit ihm nicht. Mein Vater ist auch heute noch jemand, mit dem man viel Spaß haben kann. Er liebt Abwechslung, Freiheit und Herausforderungen.

Wie mein Vater ist auch meine Mutter ein lebenszugewandter, offener und unternehmungslustiger Mensch. Sie interessierte sich schon damals für Spiritualität und ging Lebensfragen auf den Grund, liest heute noch Bücher über Weltanschauungen und Religionen, sucht Gurus und spirituelle Lehrer auf. Zwar wurde ich katholisch getauft und später gefirmt, doch dies war nur eine

Frage der Tradition. In die Kirche gingen wir nur an Weihnachten und Ostern.

Mein Vater Heimo erinnert sich:

Alexander war ein Wunschkind, mein erstes Kind, das war total spannend. Als er geboren wurde, war ich erst zwanzig oder einundzwanzig. Heute würde ich sagen, meine Frau und ich waren noch ziemliche Kinder, aber das geht ja vielen jungen Eltern so. Ich bedaure, dass ich noch nicht bei der Geburt dabei sein durfte. Das konnte man als Mann erst später; bei meinem zweiten Kind habe ich die Niederkunft miterleben dürfen. Aber als Alexander geboren wurde, musste ich noch draußen vor der Tür warten. Und dann bin ich natürlich gleich reingesaust und habe meinen Sohn im Arm gehalten. Es gibt nichts Schöneres auf der Welt, ich glaube, das ist bei jedem Vater gleich.

Nach der Geburt veränderte sich meine Frau, sie wurde perfektionistischer und putzte viel. Wir haben uns nicht mehr so gut verstanden. Ich kümmerte mich dann mehr um meine Arbeit und war weniger zu Hause.

Mit Alexander lief es prima, bis er die Krankheit bekam. Dann war er einfach ein sehr armes Kind. Es war schlimm. Beim Windelwechseln ist es mir zuerst aufgefallen, diese roten Stellen und Blasen, und er schrie, weil ihm alles wehtat. Das traf mich tief im Herzen, mein Junge tat mir unendlich leid. Aber ich habe damals nicht verstanden, was da auf mich zukommt. Denn ich habe als Kind auch Neurodermitis gehabt, aber das war nach einem halben Jahr weg.

Man kann davon ausgehen, dass ich eine genetische Veranlagung für die Krankheit geerbt habe. Da die Krankheit wahrscheinlich vererbt wird, gilt sie als unheilbar – an den Erbanlagen kann man schließlich nichts ändern. Es müssen jedoch bestimmte Faktoren hinzukommen, damit die Neurodermitis ausbricht. Die Krankheit ist daher nicht rein erblich erklärbar. Außerdem nimmt sie besonders in den Industrieländern zu. Vor sechzig Jahren kannte fast niemand das Wort »Neurodermitis« – heute gibt es viermal so viele Kranke wie damals. Das lässt darauf schließen, dass sich in unseren westlichen Gesellschaften irgendetwas verändert haben muss, das das Ausbrechen dieser Krankheit begünstigt. Was genau das sein könnte, wird noch diskutiert. In Deutschland sind zurzeit schätzungsweise vier Millionen Menschen von Neurodermitis betroffen – vor allem Kinder. Ungefähr zehn Prozent aller Kinder sollen daran erkrankt sein. Da man die Ursachen dieser Krankheit aber noch nicht abschließend erforscht hat, werden in der Therapie keine Ursachen bekämpft, sondern nur die äußeren Symptome behandelt.[1]

Die Ärzte führten Tests mit mir durch und teilten meinen Eltern mit, dass man meine Beschwerden lindern könne. Meine Eltern müssten bestimmte auslösende Faktoren bei mir vermeiden: Stress, bestimmte Nahrungsmittel wie Mehl, Zucker und Eiweiß, chemische Substanzen wie Babylotionen und Shampoo. Die Krankheit könne in Schüben verlaufen, je nach Lebensalter mit unterschiedlichen Symptomen. Wunde, verdickte, rissige Haut, rote, schuppende und nässende Stellen sowie starker Juckreiz seien auch in Zukunft zu erwarten – außer es gelänge, die auslösenden Faktoren zu vermeiden und Symptomfreiheit zu erreichen. Medikamente und Cremes, Kuraufenthalte und Diäten würden die Beschwerden lindern. »Man kann lernen, auch mit einer Neurodermitis ein normales Leben zu führen, wenn man Symptomfreiheit erreicht«, sagten die Mediziner zu meinen Eltern. »Bei vielen kleinen Kindern verschwinden die Symptome einfach wieder. Geben Sie die Hoffnung nicht auf – bis zur Einschulung ist die Krankheit bei vielen Kindern wieder abgeklungen!«

Mein Vater lächelte die Ärzte zuversichtlich an. »Sicher ist es nur eine vorübergehende Phase. Das wird schon wieder. So war es auch bei mir«, sagte er schulterzuckend. Er konnte ja nicht ahnen, dass mein Leben alles andere als normal verlaufen würde und sich die Symptome – nicht wie bei ihm (und vielen anderen Betroffenen) – immer weiter abschwächen würden.

Zu Hause sprach er nicht über meine Krankheit. Zumindest nicht in meiner Gegenwart. Vielmehr versuchte er, mich wie einen normalen kleinen Jungen zu behandeln. Er brachte mich zum Lachen, zeigte mir seine Autos und fuhr mit mir Boot. Ob er mich nur ablenken wollte oder tatsächlich glaubte, dass meine Haut bald wieder heil würde, weiß ich nicht.

Ganz anders meine Mutter, die gelernte Arzthelferin ist. Nach den Gesprächen mit den Ärzten wurde sie sehr nervös. Sie bestellte Zeitschriften, Bücher und Kopien von Artikeln. Sie forschte nach den Telefonnummern von erfahrenen Ärzten und vereinbarte Termine. Mit ihren einundzwanzig Jahren fuhr sie mit einem schreienden Kleinkind Hunderte von Kilometern zu Kliniken und Praxen, verbrachte ganze Tage in Wartezimmern, versuchte mich während der Untersuchungen zu beruhigen und sich gleichzeitig Notizen zu machen. Ihre Bemühungen waren nicht nur eine kurze Phase des Aktivismus – vielmehr kümmerte sie sich meine ganze Kindheit und Jugend darum, dass ich regelmäßig ärztliche Hilfe bekam. Schon als kleines Kind spürte ich, dass ich der Grund für die Müdigkeit und Erschöpfung meiner Mutter war. Mein kleiner kindlicher Verstand sagte mir, dass ich schuld daran war, dass meine Mutter müde und traurig aussah. Ich musste unbedingt gesund werden, ich durfte sie nicht weiterhin enttäuschen.

Da ich mich dauernd kratzte und man mir in meinem Alter natürlich nicht erklären konnte, dass meine Haut durchs Kratzen immer schlimmer wurde, banden mir meine Eltern einige Male Stoffhandschuhe um. Auch meine Füße wickelten sie in Stoffbinden. Als das nichts brachte, wurden meine Hände nachts ans Bett gefesselt. Das war für mich der reinste Horror, ungefähr eine Viertelstunde lang schrie und strampelte ich, aber meinen Eltern war von Experten geraten worden, dass sie darauf nicht reagieren sollten. Darum gab ich irgendwann meinen lautstarken Protest auf. Aber es war wie auf einer Folterbank. Der ganze Körper juckte wie verrückt, ich konnte mich nicht kratzen, war ohnmächtig, hilflos und verzweifelt. Als Reaktion zerkratzte ich mich am nächsten Tag von oben bis unten – und machte den Effekt aus der Nacht, dass ich mich nicht angerührt hatte, damit wieder zunichte. Nach einigen Nächten gaben meine Eltern den Versuch daher auf.

Helga und Fritz, meine Großeltern mütterlicherseits, erinnern sich:

Nach der Geburt verfiel Monika in Depressionen. Ich glaube, sie war überfordert, einfach noch zu jung. Plötzlich nur noch zu Hause mit Mann und Kind. Wir fanden nicht, dass unsere Tochter und ihr Mann gut zusammenpassten, aber als Eltern muss man das akzeptieren, die Kinder entscheiden selbst, wen sie heiraten. Und mit dem Alexander war es auch traurig. In den ersten Monaten konnte man die Krankheit schon erkennen: Narben im Gesicht und am Körper, das war schon arg. Und als er älter wurde, ist es immer schlimmer geworden. Er musste sich ständig kratzen, bis er blutete und weinte. Eine schlimme Krankheit ist das. Ich glaube, das war zu viel und zu anstrengend für Monika. Und ihr Mann war mehr auf den Beruf bedacht und verbrachte nicht viel Zeit zu Hause. Aber wir bekamen das eher aus der Ferne mit, weil wir uns nur selten sahen.

Als ich zwei Jahre alt war, ließen sich meine Eltern scheiden. Obwohl ich zum Zeitpunkt der Scheidung noch sehr klein war, glaube ich mich vage an Eindrücke zu erinnern. Meine Eltern stritten sich viel, ich hörte in meinem Bett, wie sie sich anbrüllten und Türen zugeschlagen wurden. Ich verstand nichts, hatte Angst und weinte. Heute weiß ich, dass ihre Vorstellungen vom Leben sehr unterschiedlich waren und ich mache ihnen keine Vorwürfe.

Während dieser Zeit zeigten sich auf meiner Haut nicht mehr nur einzelne rote Punkte, mein ganzer Körper fühlte sich an, als hätte mich jemand mit Brennnesseln geschlagen. Ich weinte, schlug auf meine Haut ein, schlug meine Mutter, wenn sie mich anfassen wollte, und kratzte mich, bis ich blutete. Die entzündeten Wunden brannten wie Feuer. Ich kratzte sie auf, sie juckten noch mehr. Ich schrie lauter und kratzte tiefer.

Das sind meine ersten Kindheitserinnerungen: Wunden, Blut und Verzweiflung. Und die Frage, warum ich so anders war als die anderen.

Eines Tages sagte meine Mutter zu mir: »Wir packen jetzt deine Sachen ein. Du darfst Uroma Rosa besuchen – und sogar ganz lange bei ihr bleiben.« Sie lächelte mich übertrieben unbeschwert an und begann, meine Kleider, Medikamente und Cremes in einen Koffer zu packen. Ich blickte sie mit großen Augen an und verstand nicht, warum sie sich so anders benahm als sonst. Ich mochte Uroma Rosa, ihre Augen leuchteten immer so warm und sie lachte viel. Ob mein Vater auch dort sein würde? Ich hatte ihn schon länger nicht mehr gesehen.

Wir fuhren mit dem Bus zur Urgroßmutter und aßen dort zu Mittag. Am Nachmittag umarmte mich meine Mutter, wischte sich mit dem Handballen schnell eine Träne ab und zog die Wohnungstür hinter sich zu. Uroma Rosa und ich winkten ihr aus dem Fenster nach, als sie schnellen Schrittes zur Bushaltestelle eilte. An diesem Abend schlief ich zum ersten Mal bei meiner Urgroßmutter. Viele Nächte sollten folgen, denn ich blieb bei ihr, bis ich sechs Jahre alt war.

Meine Urgroßmutter erklärte mir, dass meine Mama nun wieder arbeiten müsse, da sie jetzt geschieden war. Und da sie mich deshalb nicht mehr so gut versorgen könne, dürfe ich jetzt hier bleiben. »Wir beide machen's uns schön hier«, sagte meine Urgroßmutter mit einem Augenzwinkern.

Meine Mutter Monika erinnert sich:

Mein Mann und ich hatten viel gestritten. Es war alles zu viel für uns, zu viel Stress, zu viel Belastung. Wir waren noch so jung. Ich glaube, es ging nicht um Alexanders Krankheit. Wir haben uns einfach nicht mehr verstanden. Nach der Scheidung ging ich bei einer Augenärztin arbeiten. Ich wollte Alexander daher tagsüber bei meiner Oma in Salzburg lassen, ich wusste, bei ihr ist er gut aufgehoben, sie ist sehr fürsorglich und liebte ihn. Meine Oma wohnte gleich in der Nähe der Augenärztin. Nach einigem Überlegen entschied ich mich, ihn lieber gleich ganz bei ihr wohnen zu lassen, dann musste ich ihn nicht morgens so früh wecken, um ihn von Fürstenbrunn nach Salzburg im Bus mitzunehmen. Er schlief nachts so schlecht und war morgens immer müde. Diesen täglichen Stress im Bus wollte ich ihm ersparen. Bei ihr konnte er länger schlafen als bei mir. Er war ein armer Junge durch die Krankheit. Ich hoffte, dass er bei meiner Oma mehr zur Ruhe kommen und seine Krankheit dadurch besser würde. Mittags fuhr ich zu ihm und verbrachte einige Stunden mit ihm. Wir gingen auf Spielplätze oder ich besuchte meine Mutter und setzte mich mit ihm bei ihr in den Garten.

Bei jedem Mittagessen dachte ich: Vielleicht nimmt die Mama mich ja nach dem Essen wieder mit nach Hause. Ich beobachtete jede ihrer Bewegungen. Wenn sie sich die Haare hinters Ohr strich, griff sie als Nächstes nach ihrer Handtasche und ging Richtung Tür. Dann ein Kuss, ein letztes Lächeln und sie war weg. Wieder ohne mich.

Nach einer Weile begann meine Urgroßmutter bei jedem Mittagessen: »Monika, wann nimmst du ihn wieder zu dir?« Dann wich meine Mutter Uromas Blick aus und erwiderte etwas, das ich nicht verstand. Am Abend tröstete mich meine Urgroßmutter. »Deine Mama ist eine gute Mutter. Wenn sie könnte, würde sie dich wieder zu sich nehmen.«

Heute ist mir klar, dass meine Mutter Gründe hatte, warum ich nicht bei ihr wohnen konnte, aber als kleiner Junge verstand ich ihr Verhalten nicht. Warum wollten sie mich nicht mehr haben? Ich fühlte mich abgeschoben. Abgelehnt von Mama und Papa und dem Rest der Welt.

Der Aufenthalt bei meiner Urgroßmutter war jedoch in anderer Hinsicht ein richtiger Glücksfall für mich – vielleicht hätte mir zum damaligen Zeitpunkt nichts Besseres passieren können. Sie ging nämlich total entspannt mit mir um. Ihr Zuhause war eine Insel des Friedens für mich. Meine Urgroßmutter war eine ausgeglichene Witwe, die meiner Krankheit wenig Beachtung schenkte. Dadurch wurde meine Neurodermitis auch für mich nicht mehr so wichtig. Sie ging stundenlang mit mir auf den Spielplatz und ich konnte beim Buddeln im Sand meine Sorgen vergessen. Sie ließ mich auch nie spüren, dass ich durch meine Nahrungsmittelallergien, die festgestellt worden waren, in meinem Leben eingeschränkt war. Noch während auf dem Spielplatz eine Mutter Schokoladenkekse an ihre Kinder verteilte, hatte mir meine Uroma bereits ganz selbstverständlich eine Alternative angeboten.

Das war im Kindergarten anders. »Jetzt verteilt die Julia bitte an alle den Kuchen – nur nicht an den Alexander, der darf das nicht haben!«, sagten die Erzieherinnen. Mir war das peinlich. Ich sah sowieso schon anders aus als die anderen und ich schämte mich, beim gemeinsamen Essen ausgeschlossen zu sein. »Am besten nicht noch mehr auffallen«, sagte ich mir und spielte lieber alleine in einer Ecke. Ich fragte auch nie, ob ich bei den anderen mitspielen dürfe. Es wäre aber falsch zu denken, dass ich dadurch der völlige Außenseiter gewesen war. Ich hatte immer ein paar Verbündete – aber auch ein paar Gegner.

»Der hat ›Monster‹ zu mir gesagt!«, heulte ich, als meine Oma mich vom Kindergarten abholte. Auf dem Heimweg tröstete sie mich. »Hör doch nicht auf den. Der macht das doch nur, weil er ein armes Würstchen ist. Er will sich selbst höher als andere stellen. Er denkt, wenn er andere beleidigt, steht er selbst besser da als sie. Dabei ist er doch in Wirklichkeit gar nicht besser als andere. Du bist jedenfalls genau richtig!«

Wenn wir in ihrer Wohnung zur Tür hereinkamen, hatte sie mich jedes Mal schon wieder beruhigt und getröstet. Sie stammte aus der Kriegsgeneration und hatte sich im Leben schon ganz anderen Herausforderungen stellen müssen. Trotzdem hatte sie sich eine ausgeglichene Wesensart bewahrt. Sie war gleichmütig und friedlich, setzte mir Grenzen und sorgte für Ordnung. Das gab mir innerlich Halt, bei ihr atmete ich auf. Sie suchte im Leben immer nach den Chancen. »Aber weißt du, das Gute daran ist …«, begann sie ihre Sätze oft. So ermutigte sie mich dazu, beständig das Positive zu sehen und an gute Veränderungen zu glauben. Ihre Ruhe strahlte auf mich aus, ihr Optimismus hat mich sehr geprägt. Beständig sagte sie mir, dass sie mich liebt, dass ich einzigartig und schön bin, sie gab mir immer Raum zur Entfaltung. Ihr glaubte ich ihre Liebe für mich, und auch ich liebte sie über alles. Sie übte keinen Druck auf mich aus. Wenn ich zum Beispiel wegen meiner Schmerzen längere Zeit brauchte, um in meine Jacke zu schlüpfen, wartete sie geduldig.

Meinen Vater sah ich regelmäßig an den Wochenenden. Wenn er anrief, um mir zu sagen, wann er mich abholen würde, lief ich jedes Mal freudestrahlend zum Telefon. So auch dieses Mal, als mir meine Uroma den Hörer hinhielt.

»Hallo Alexander. Wie geht es dir?«

»Gut! Wann kommst du?«

Mein Vater räusperte sich. »Du, hör mal, dieses Wochenende ist es schwierig. Wir müssen deinen Besuch auf nächstes Wochenende verschieben.«

Ich schwieg. Im Hintergrund hörte ich die Stimme der neuen Frau meines Vaters. Mein Vater schien mit ihr zu reden, doch ich verstand nicht, was sie sagten, weil er die Sprechmuschel zuhielt. »Ja, hier bin ich wieder. Es tut mir echt leid, aber es gibt einfach im Geschäft so viel zu tun.«

Ich schluckte. »Okay«, sagte ich leise und verabschiedete mich.

Am Abend lag ich weinend im Bett. Die Tränen liefen über meine Schläfen und brannten wie Feuer in meinen Wunden. Meine Mama wollte mich nicht. Und jetzt wollte mich mein Papa auch nicht mehr sehen. »Wahrscheinlich liegt es daran, dass ich so hässlich bin«, sagte mir mein kindlicher Verstand. Ich wusste schließlich, dass meine Mutter einen Sinn für Schönes hatte, sie sorgte dafür, dass ich beständig gut gekleidet war, sie wollte, dass ich in der Öffentlichkeit einen guten Eindruck hinterließ. Doch je weiter die Krankheit fortschritt, desto weniger war das möglich. Ich fühlte mich wie eine Last, die man loswerden wollte, ein Kind, von dem man sich abwandte.

Während ich bei meiner Urgroßmutter lebte, heiratete meine Mutter erneut, Harald, einen Mann, den sie schon länger kannte, da er zum gemeinsamen Freundeskreis meiner Eltern gehörte. Er wusste daher schon seit meiner Geburt von mir. Als ich fünf Jahre alt war, wurde meine Halbschwester Nadja geboren.

Mit ihrem neuen Mann und dem Baby zog meine Mutter in eine größere Wohnung. In diesem Jahr nahm sie mich wieder zu sich.

Meine Mutter Monika erinnert sich:

Nadja war eine Frühgeburt, zehn Wochen vor dem Termin. Sie wog nur 1,34 Kilo und kam in den Brutkasten. Deswegen mussten wir bis zur ihrer Entlassung immer wieder ins Krankenhaus fahren, wenn wir sie sehen wollten. Als sie dann schließlich zu Hause war, hat sie immer wieder Atemnot gehabt, bronchiales Asthma, weil die Lungen bei der Geburt noch nicht richtig entwickelt waren. Wieder fuhr mein Mann ständig mit ihr ins Spital. Also mussten wir uns ziemlich viel um die Kleine kümmern. Alexander war dann ja auch noch da, zwei kranke Kinder im Haus. Mir ist es da nicht mehr gut gegangen. Ich ging nicht mehr arbeiten und fühlte mich zu Hause eingesperrt. Ich musste oft daheim bleiben, weil die Kinder wegen Krankheiten nicht aus dem Haus konnten. Wir wohnten aber in einer guten Hausgemeinschaft, ich habe mich häufig mit den Nachbarn zusammengesetzt, während die Kinder miteinander im Garten oder in den Wohnungen der Nachbarn spielten. Ich glaube, ich bin jeden Tag mit Alexander spazieren gegangen.

Die Versorgung unserer kranken Tochter war in der ersten Zeit dringender, als sich um Alexander zu kümmern – vielleicht hat sich Alexander, als er bei uns einzog, deswegen vernachlässigt gefühlt. Vielleicht dachte er auch, dass sein Stiefvater seine leibliche Tochter bevorzugt. Ich glaube, Harald hat sich sehr um Alexander bemüht und wollte ihn keinen Unterschied merken lassen. Trotzdem kann dies unbewusst geschehen sein. So ähnlich ging es mir in meiner Kindheit mit meinem Halbbruder. Als Eltern will man alle Kinder gleich behandeln, aber vielleicht spüren Kinder einen Unterschied. Man kennt das ja auch, dass Väter in ihre Töchter vernarrt sind. Harald hatte sich ja auch wahnsinnig auf die Geburt seiner Tochter gefreut. Ein paar Jahre lang musste er dann mit Nadja regelmäßig in die Ambulanz, es war eine kritische Zeit, wir machten uns große Sorgen um sie, ob sie sich körperlich gut entwickelt. Glücklicherweise verlief aber alles sehr gut und danach hatte sie keine Atemprobleme mehr, sie war ein sehr ruhiges, braves Kind. In den späteren Jahren kam sie eher zu kurz, weil sich dann alles um Alexander drehte.

Ich musste mich nach dem Einzug bei meiner Mutter an wechselnde Umgebungen gewöhnen. In dieser Zeit bauten mein Stiefvater und sie ein Haus in Fürstenbrunn, wir wohnten daher vorübergehend in einer Wohnung in einem anderen Ort, bis wir in das neue Haus ziehen konnten. Dort ging ich für mehrere Monate in die Vorschule. Auf dem Pausenhof stießen mich meine Mitschüler herum und schubsten mich. Spottend riefen sie: »Zombie! Grätzengesicht!« Das ist österreichisch, *Grätze* ist ein anderes Wort für *Krätze*, eine Hautkrankheit. Diese Hänseleien verletzten mich sehr, sie trafen mich tief ins Herz. Nachdem sie mich zwei Wochen lang in jeder Pause gehänselt hatten, brannte bei mir die Sicherung durch. »Halts Maul, du Mistkerl«, rief ich und trat dem Kerl, der mich schon wieder beleidigt hatte, ans Schienbein. Er boxte mir in den Bauch. Ich schlug ihm auf den Kopf. Ehe wir uns versahen, lagen wir beide auf dem Boden. Ich verpasste ihm einen Hieb auf die Nase und hörte ein Knacken.

Am nächsten Tag wusste die ganze Schule, dass er sich die Nase gebrochen hatte. Natürlich gab er vor den anderen Mitschülern nicht zu, dass ich ihm diesen Bruch beigebracht hatte, stattdessen erzählte er den anderen, er sei zu Hause die Treppe heruntergefallen. Aber ich wusste es besser – das war natürlich ein Triumph für mich, ich fühlte mich gut, endlich war ich einmal aus der Opferrolle raus! Das blieb jedoch die Ausnahme, in der Regel musste ich einstecken, ich war einfach zu klein und zu zierlich, um mich effektiv zur Wehr setzen zu können. Die Lehrer erfuhren von den Hänseleien gegen mich, unternahmen jedoch nichts, um mir zu helfen. Jeden Morgen hatte ich Angst, das Haus zu verlassen. Ich putzte mir besonders lange die Zähne und trödelte beim Anziehen herum, um möglichst spät loszugehen. Bevor ich auf dem Schulweg in eine neue Straße einbog, spähte ich jedes Mal vorsichtig um die Ecke. An jeder Hecke rannte ich schnell vorbei, weil ich Angst hatte, dass einer meiner Mitschüler herausspringen und mich angreifen könnte. Ich zählte die Tage, bis ich endlich ins neue Haus ziehen und in eine neue Schule kommen würde.

Manchmal stellte ich mir vor, wie mich mein Vater in seinem Sportwagen unangemeldet von der Schule abholen würde. Ich würde lässig in sein Auto steigen und meine Peiniger würden mir mit offenen Mündern hinterherblicken. Oder ich malte mir aus, wie er einfach vor der Haustür stehen würde, außerhalb der fest vereinbarten Besuchszeiten. Wir würden zusammen baden gehen, einkaufen, lachen und spielen.

Ich begann mich zu fragen, warum er verschwunden war. Meine Mutter erklärte mir, dass es an den Schwierigkeiten zwischen ihnen gelegen hatte. Nicht an mir und meiner Krankheit. Ich entwickelte daher keine Schuldgefühle wegen ihrer Scheidung. Aber ich vermisste meinen Vater sehr. Mein Traum, dass er überraschend vor der Tür stand, wurde zwar nie wahr, aber immerhin trafen wir uns ab und zu an den Wochenenden. Er kochte mein Lieblingsessen und ging mit mir auf sein Boot, zu Motorsportrennen, im Winter fuhren wir Schlitten, im Sommer gingen wir surfen. Er kaufte mir sogar ein Elektroauto – das kostete damals ein Vermögen. Mit meinem Vater war ich glücklich, alles war so locker mit ihm.

Mein Vater Heimo erinnert sich:

Nach der Scheidung konnte ich Alexander nicht zu mir nehmen, ich empfand die Belastung als zu groß. Heute würde ich das anders machen, aber als junger Mann schaffte ich das nicht. Das tut mir leid. Ich glaube, dass Alexander als Kind nie glücklich war. Aber er hat mir die Scheidung nie zum Vorwurf gemacht. Das hat ihm sicher wehgetan, das weiß ich, aber er gab mir nie die Schuld deswegen. Darum konnten wir unsere Beziehung ungehindert fortführen. Aber bestimmt hat er darunter gelitten, dass er seinen Vater nur noch sporadisch sehen konnte.

Alle vierzehn Tage kam Alexander für ein Wochenende zu mir. Ich glaube, er hat sich bei mir immer sehr wohlgefühlt. Das kennt man ja: Wenn die Kinder beim Papa sind, dürfen sie alles tun, was sonst nicht erlaubt ist, und die Mama darf nach dem Wochenende wieder ausbaden, was der Papa an Erziehung zerstört hat. Ich war glücklich, wenn er bei mir war, wir hatten viel Spaß zusammen. Ich besaß damals ein Pferd und er war wahnsinnig gerne mit mir bei den Pferden. Leider bekam er Asthma, wenn er bei Pferden war. So hat die Krankheit manches Mal Grenzen aufgezeigt. Aber ich habe ihn immer geliebt, so wie er war.

Im Laufe der Jahre hat sich die Krankheit leider immer weiter verschlimmert. Das tat mir im Herzen weh. Seine Mutter wollte jedoch nicht, dass ich mit ihm zu Ärzten gehe – um seine Versorgung wollte sie sich selber kümmern. Ich hielt mich daran, da ich fürchtete, dass ich ihn sonst nicht mehr sehen durfte. Ich spürte auch, dass Alexander von der Krankheit belastet war, aber er sprach nie darüber. Ich versuchte ihm zu helfen, indem ich ihm einen schönen Tag machte und ihn aufheiterte. Aber ich fühlte mich auch hilflos und hatte ein schlechtes Gewissen. Was hätte ich anders machen können? Ich weiß es nicht.

Der Kontakt zu Alexander wurde hauptsächlich von meiner Mutter aufrechterhalten, bei ihr konnte ich mich mit Alexander treffen. Sie hat immer eine offene Tür für ihn gehabt, bei ihr fühlte er sich sehr wohl. Wir hatten dort eine gute Zeit miteinander, aber unsere Treffen wurden seltener. Im Laufe der Jahre spürte ich, dass mein Sohn zu Hause psychisch belastet war, weil er sich auch mit seinem Stiefvater nicht so gut verstand. Sie sind zwei völlig unterschiedliche Charaktere. Aber ich wusste nicht, was ich tun sollte. Heute würde ich sagen, in dieser Zeit habe ich zu wenig für ihn gemacht.

Genau wie mein Vater war auch mein Stiefvater sehr sportlich. Er brachte mir Skilaufen bei. Dabei nahm er mich zwischen die Beine und zeigte mir den *Schneepflug*. »Du musst deine Skier wie ein oben zulaufendes V hinstellen«, erklärte er mir, »aber die Skispitzen dürfen sich dabei nicht berühren, sonst fällst du hin!«

Im Sommer ging er mit mir wandern. Aber das Beeindruckendste für mich als Erstklässler war sein Kampfsport. Mein Stiefvater war mein großer Held: Mit seiner Handkante zerschlug er einen Holzklotz. Ich sah mit großen Augen zu und platzte danach fast vor Stolz.

Er versuchte mir beizubringen, dass man im Leben vieles verändern kann, wenn man dafür kämpft und genügend Willenskraft aufbringt. Außerdem behütete er mich. Wenn wir gemeinsam essen gingen und mich die Leute anstarrten, weil ich mich am Tisch kratzen musste, setzte er sich breit vor mich hin, sodass ich vor ihren Blicken geschützt war.

Meine Mutter war ständig in Bewegung, kaufte ein, wischte Staub, kochte, wusch die Wäsche und legte großen Wert darauf, dass alles glänzte. Mehrmals täglich saugte sie die Wohnung. Zwischen ihren Bemühungen und dem teuren Ledersofa saß ich da, abstoßend mit meiner rissigen und nässenden Haut, ein Schandfleck in der perfekten Umgebung. Ich dachte: »Ich passe nicht hierher und bin eine Zumutung für alle.« Am liebsten wäre ich unter den Teppich gekrochen, damit ich niemanden störte. Mir war nicht bewusst, dass meine Mutter das Haus auch für mich so sauber hielt. Die Ärzte hatten ihr nämlich geraten, die Wohnung rein zu halten, weil ich allergisch gegen Hausstaub war.

Zu meiner Schwester hatte ich immer ein gutes Verhältnis, sie war die ruhigere von uns beiden. Wir haben uns liebevoll behandelt, sie versuchte mich zu unterstützen, wo es ihr möglich war. Das hatte ich in den kommenden Jahren auch bitter nötig.

Das hässliche Entlein

Seht mich an! Ihr werdet erschrecken und euch entsetzt die Hand vor den Mund halten.

Hiob 21,5

Das häs

Meine Krankheit wurde schlimmer, als ich zwischen fünf und sieben Jahre alt war – der Grund dafür waren wahrscheinlich die Umstellungen in meinem Leben. Später, zwischen meinem zehnten und achtzehnten Lebensjahr, verschlechterte sich mein Zustand noch mehr.

Ich sah phasenweise aus, als wäre ich verbrannt. Meine Haut war vom Gesicht bis zu den Füßen völlig verkrustet, manche Wunden bluteten, nässten oder eiterten, manche waren verschorft, als hätte mich jemand nackt hunderte Meter über einen Asphaltboden geschleift.

Meine Augenlider waren nach unten gesackt – durch die Eitergeschwüre und Krustenbildungen, die manchmal einen halben Zentimeter dick waren. Weil ich dauernd die Verkrustungen zwischen Augen und Stirn wegkratzte, verlor ich meine Augenbrauen. Wegen den Wunden an den Fingern fielen einige Fingernägel aus, andere wuchsen schief an den Narben vorbei. Am Kopf fehlten mir büschelweise Haare – ich hatte sie mir ausgerupft, weil die Kopfhaut so gejuckt hatte. Alles tat weh, juckte, brannte. Tag und Nacht.

Alle Menschen, die mich zum ersten Mal sahen, wandten entweder schnell den Blick ab oder starrten mich geschockt an. Die Ärzte sagten: »Wir haben schon viel gesehen, aber so etwas noch nicht.«

Ich wollte mich selbst auch nicht mehr sehen und vermied es, in den Spiegel zu schauen. Wenn ich aus der Dusche kam oder die Zähne putzte, drehte ich den Spiegel weg. Wir hatten zwei Leuchten im Badezimmer über dem Spiegel, ich ließ sie aus und putzte mir im Dunkeln die Zähne. Mein Aussehen machte mir wirklich Angst. Ich trug einen Rollkragenpullover, damit man meine Narben am Hals nicht sehen konnte, und kämmte mir die Haare in die Stirn in der Hoffnung, sie würden meine Kratzer verdecken. Am liebsten hätte ich mir jedes Mal, bevor ich das Haus verließ, ein Tuch übers Gesicht gehängt.

Wenn ich mich dann doch bewusst im Spiegel betrachtete, hätte ich heulen können. Ich suchte akribisch nach Verbesserungen im Hautbild, hier und da gab es tatsächlich einige solcher Flecken, doch an anderen Stellen waren die Wunden wiederum schlimmer geworden. »Immer mehr, immer mehr«, sagte ich mir. Dieses »Immer mehr« kreiste andauernd in meinem Kopf. Auch meine Frisur sah erbärmlich aus, meine Haare klebten auf den Verkrustungen auf meiner Stirn fest. Ich dachte bei diesem Anblick: »Das geht ja gar nicht, wie siehst du denn aus! Das ist ja ganz anders als bei den anderen!« Warum gab es nicht einmal eine einzige Sache an mir, die schön war!

Ich erinnerte mich daran, dass ein Mitschüler einmal zu mir gesagt hatte, ich hätte eine kleine, schöne Nase. Ich sah mir meine Nase genauer an. Er hatte recht, sie war ganz ordentlich geraten.

Einmal hatte mir ein Mädchen heimlich einen Brief in die Schultasche gesteckt. Darin hatte gestanden, dass sie meine Augen so schön fände. Das hatte ich nicht glauben können, ich empfand diese Sätze als zynisch. Vielleicht hatte ich damals im Gesicht noch nicht ganz so schlimm ausgesehen und mein restlicher Körper war unter meiner Kleidung verborgen und für andere kaum sichtbar gewesen. Sie hatte mir einen hübschen Bleistift geschenkt und wir waren zusammen nach Hause gegangen. Als sie mir gesagt hatte, dass ich ihr gefalle, hatte mein Herz einen Sprung gemacht. Ich hätte die Welt umarmen können, so glücklich war ich in dem Moment!

Nun sah ich wieder in den Spiegel, erblickte den Schorf, die Schuppen und die klebrigen Haare. Während andere Jungs weiterhin Briefchen in ihrer Schultasche fanden, waren bei mir keine weiteren Briefe angekommen. Denn ich war hässlich.

Ich wollte mit der Faust in den Spiegel schlagen.

Ich hasste mein Aussehen und ich hasste mich selbst. Ständig dachte ich daran, dass ich anders war als die anderen. Während ich mein fades Allergikeressen löffelte, müde zur Schule trottete oder mich nachts umherwälzte, dachte ich darüber nach, warum es mich getroffen hatte. Womöglich war ich selbst schuld daran, dass ich krank war? Warum traf es mich so hart? Vielleicht hatte ich irgendetwas falsch gemacht?

Doch an anderen Tagen sagte ich mir: »Es kann nur noch besser werden. Das wird schon wieder.« Aber auf solche Tage folgte eine schlechte Nacht, in der ich mir wieder die Haare ausriss und auf meine Haut einschlug. Am nächsten Morgen war ich für meine Familie wie eine tickende Zeitbombe, bei einem falschen Wort konnte ich explodieren.

Die Schmerzen und die schwierigen Lebensumstände machten mich schier wahnsinnig. Ich war zornig auf meine Situation, wütend auf meine Mutter und auf andere Leute, neidisch und manchmal regelrecht hasserfüllt auf die Gesunden, die scheinbar unbeschwert lebten, während ich vor Schmerzen und Scham hätte schreien können.

Meine Mutter Monika erinnert sich:

Alexander konnte sehr stur sein. Die Krankheit stand bei ihm immer im Vordergrund und er konnte sehr zornig werden, wenn er nicht gleich bekam, was er wollte. Er hat als Kind immer versucht, seinen Willen durchzusetzen. Er ist immer wütend geworden, wenn er wegen der Krankheit wieder einmal etwas nicht durfte.

Ich hatte zwiespältige Gefühle für meinen Sohn. Einerseits tat er mir sehr leid, er war ja so ein armes Kind mit dieser furchtbaren Krankheit. Aber andererseits packte mich auch die Wut, weil wir so viel für ihn taten und es half alles irgendwie nichts.

Wenn ich mit ihm auf der Straße unterwegs war, war es auch sehr unangenehm. Er stand da, kratzte sich die ganze Zeit, seine Haut war rot und blutig.

Die Leute starrten uns an, Alexander war davon genervt, ich war davon genervt. Ständig wurde ich von Fremden auf ihn angesprochen: »Was hat denn das Kind? Es ist so arm.« Da wurde ich dann selbst richtig aggressiv wegen dieser ständigen Kommentare und Blicke. Und ich muss zugeben, dass ich andere Mütter um ihre Kinder beneidete; die hatten schöne Haut und schrien nachts nicht immer vor Schmerzen.

Ich wusste aus Erfahrung, dass der Juckreiz mit jedem Kratzen schlimmer wird. Die Medizin geht davon aus, dass es sich bei der Neurodermitis um eine Art Allergie handelt. Beim Essen bestimmter allergieauslösender Nahrungsbestandteile werden bestimmte Zellen des Immunsystems in der Haut aktiviert, die dann Botenstoffe ausschütten, die Juckreiz verursachen. Das Kratzen schafft nur kurzfristig Erleichterung, da die durch das Kratzen verursachten Hautverletzungen das Entzündungsgeschehen und den Juckreiz weiter aktivieren. So entsteht der schier endlose Teufelskreis aus Jucken, Kratzen, Jucken. In der Nacht ist der Juckreiz leider sogar am schlimmsten.[2]

Vor allem nachts wälzte ich mich auf dem Laken, nahm mir vor, mich nicht zu kratzen, da ich wusste, dass ich dadurch noch hässlicher aussehen würde. Aber meine Nerven lagen blank. Ich konzentrierte mich aufs Atmen, holte tief Luft, atmete aus, presste die Augen zu, hielt die Luft an. Es ging nicht. Erst schlug ich auf meine Stirn ein, dann auf die Arme. Wie verrückt kratzte ich im Gesicht, auf dem Bauch, an den Beinen. Tief in die Haut hinein, bis ich das warme Blut spürte. Dabei war mir alles egal, ich wollte nur noch Erlösung, geriet in Rage und ließ meiner angestauten Wut freien Lauf. Ich spürte keinen Schmerz mehr, fühlte gar nichts, nur Erleichterung.

Nun hatte ich Macht. Macht über den Schmerz. Doch nur einen kurzen Moment lang, denn kurz danach begannen mich die tiefen Wunden, die ich mir selbst zugefügt hatte, zu peinigen und der Juckreiz setzte erneut ein. Ich war tief enttäuscht von mir. »Nicht mal eine Stunde hältst du es aus, ohne dich zu kratzen. Du bist ein Versager«, sagte ich mir.

Nach jeder Nacht war das Bett vom vielen Kratzen blutbefleckt, voll von Schuppen und Eiter. Die Bettdecke blieb an meinen verkrusteten Wunden kleben und ich musste sie mir am Morgen vorsichtig und unter Schmerzen abziehen. Überhaupt waren die Nächte ein Albtraum. Dann blieb ich allein mit meinem Feind – der Krankheit. Vor dem Schlafengehen hatte ich daher große Angst. Ich versuchte mich mit stundenlangem Fernsehen abzulenken. Zwischen Mitternacht und ein Uhr nachts schaltete ich schließlich den Apparat aus und ging ins Bett.

Längere Zeit wurde die Bettwäsche jeden Tag gewechselt, doch irgendwann war das kaum noch zu bewerkstelligen. Jede frisch bezogene Bettwäsche sah nach einigen Stunden bereits so aus, als hätte man in dem Bett jemanden umgebracht. Ich schlief daher nicht jede Nacht in einem frischen Bezug. Wenn ich abends vor dem stinkenden und fleckigen Bett stand, hatte ich das Gefühl, in ein Schlachtfeld zurückzukehren. Ich ekelte mich davor, zwischen das verdreckte Laken und die klebrige Decke zu schlüpfen.

Meine Mutter erinnert sich:

Also, das Bett sah morgens immer fürchterlich aus, als wenn man ein Schwein darin abgestochen hätte. Und seine Kleidung klebte an seinen Wunden, das war alles kein Vergnügen. Wir haben teilweise die Beine umwickelt, damit der Stoff nicht festhing.

Meine Großmutter Helga erinnert sich:

Ich habe Alexanders Bettwäsche gewaschen. Damit habe ich versucht, meiner Tochter zu helfen, weil immer alles voller Blut war. Alexander sah ja so schlimm aus, immer am Kratzen, immer alles blutig. Er war auch immer erschöpft, weil er nachts nicht schlafen konnte. Aber er hat nie gejammert, er wollte sich nicht anmerken lassen, dass ihn die Krankheit belastet. Aber natürlich haben wir gespürt, dass er traurig und schlecht gelaunt war, manchmal erschien er dadurch schwierig. Aber ansonsten war er ein liebes Kind, offen, aufnahmefähig und lustig. Wenn nur die Krankheit nicht gewesen wäre.

Viele Stunden lag ich wach im Bett, kratzte mich, schlug mich, stand auf, cremte mich ein, legte mich hin, wurde durstig, stand wieder auf und trank etwas, legte mich erneut hin, wand mich in Schmerzen, kratzte mich weiter. Ständig kreisten dabei meine Gedanken, ich machte mir Sorgen um die Zukunft, verzweifelte über meine schlimme Situation, konnte einfach keinen Frieden finden. Ich versuchte mich mit Musikhören, autogenem Training und Gedankenreisen auf Audiokassetten abzulenken, aber es brachte mir nichts. Aufgrund der schwärenden Wunden roch ich obendrein auch noch schlecht, ganz faulig, wie ein Toter. Irgendwann in den frühen Morgenstunden schlief ich schließlich völlig erschöpft ein, doch werktags musste ich dann schon eine Stunde später wieder aufstehen, um mich für die Schule fertig zu machen. Nur am Wochenende konnte ich ausschlafen und blieb dann bis nachmittags im Bett. Sobald ich eine Weile im Bett gelegen hatte, staute sich unter der Decke die Wärme – sie tat meiner Haut gut. Wenn ich die Decke zurückschlug und an die kühlere Luft ging, begann die Haut wieder zu schmerzen. Darum wollte ich morgens nicht aufstehen. Es war also eine widersinnige Situation: Abends wollte ich nicht ins Bett, morgens wollte ich nicht aus dem Bett, da ich endlich unter der Decke Ruhe und Wärme gefunden hatte.

Wenn ich am nächsten Morgen frisch aussehen und gut riechen wollte, musste ich mich duschen oder baden. Diese Prozedur nahm mehrere Stunden in Anspruch. Wenn ich mich vor Schulbeginn duschen wollte, bedeutete dies, dass ich um fünf Uhr aufstehen musste, da ich um sieben Uhr in die Schule ging. Allerdings schlief ich ja in der Regel erst in den frühen Morgenstunden ein. Deshalb schaffte ich es nicht, jeden Tag zu duschen, sondern nur einige Male in der Woche.

Da das Wasser in den offenen Wunden brannte, zählte ich beim Duschen die Sekunden, bis ich den Wasserstrahl wieder abdrehen konnte. Angenehmer waren Bäder mit bestimmten Ölen oder Salzen, die meine Haut beruhigten. Ich wollte die Badewanne stundenlang nicht verlassen, da mir das Badewasser und die Wärme nach dem ersten Brennen im Wasser gut taten. Dann war das Baden die reinste Erholung für mich. Ständig ließ ich neues Wasser nachlaufen und entspannte mich. Endlich einmal kein Brennen und kein Jucken mehr. Nach dem Baden oder Duschen föhnte ich mich trocken. Handtücher hätten meine Haut nur gereizt und mich trocken zu reiben, wäre zu schmerzvoll gewesen. Der heiße Föhn linderte obendrein den Juckreiz, der mich jedes Mal beim Trocknen der Haut plagte. Schlussendlich cremte ich mich mit speziellen Ölen und Cremes ein, um die Schmerzen zu lindern und die Heilung zu fördern. Für die Wundversorgung verbrauchte ich zeitweise bis zu zwei Kilo Creme in der Woche. Ich cremte mich jeden Morgen ein, doch nach dem Baden trug ich besonders dicke Cremeschichten auf meine Haut auf und wickelte mich anschließend in meinen Bademantel ein. Das war die reinste Wohltat! Auf diese Weise wurde ich insgesamt für sechs oder sieben Stunden meine Schmerzen los. Ich fühlte mich wie im Himmel, so gut ging es mir sonst nie.

Morgens vor der Schule musste ich mich nach dem Eincremen sehr vorsichtig anziehen, da jede Berührung auf meiner Haut kratzte und juckte. Meine Mutter legte mir die Kleidung zurecht. Da sie eine sehr modisch denkende Frau ist, sollte ich gut gekleidet in die Schule gehen. In den Zeiten, als die Krankheit besonders schlimm war, half mir meine Mutter beim An- und Auskleiden. Ich durfte allerdings nur bestimmte Materialien tragen, da meine Haut auf manche Stoffe allergisch reagierte. Selbst die Wandfarbe in meinem Kinderzimmer war ganz speziell, da sie frei von allergieauslösenden Stoffen sein musste. Meine Mutter musste außerdem ständig putzen und zwei Mal am Tag staubsaugen, da ich gegen Hausstaub allergisch war.

Neben den ganzen Cremes und Lotionen nahm ich auch viele Medikamente – einige mit unerfreulichen Nebenwirkungen, sie machten mich sehr müde. Träge schleppte ich mich durch den Tag, legte in der Schule den Kopf auf den Tisch und bekam vom Unterricht nicht viel mit. Ich hatte ja ohnehin Schlafmangel, auch ohne Medikamente. Außerdem litt ich unter Asthma und verschiedenen Allergien wie Heuschnupfen. Sobald bestimmte Pflanzen blühten, das Wetter schlecht wurde oder ich mit Tierhaaren in Berührung kam, reagierte mein Körper darauf.

Meine Mutter bereitete mir außerdem spezielle Nahrung zu. Ich musste ständig alle möglichen Diäten durchführen, weil die Ärzte fortwährend neue Lebensmittelallergien bei mir feststellten, die sich natürlich an meinem Hautbild zeigten. Die Lebensmittelallergien traten phasenweise auf, und ich glaube, ich war im Laufe meines Lebens gegen so ziemlich jedes Nahrungsmittel allergisch. Zum Beispiel konnte ich monatelang morgens nur Haferbrei mit Wasser essen. Um mich zu unterstützen, aß meine Familie dann ebenfalls nur Haferbrei – auch wenn sie genau wie ich beim Essen die Gesichter verzogen. Irgendwann kam es uns allen »zu den Ohren heraus« – und wahrscheinlich werde ich bis zu meinem Lebensende keinen Haferbrei mehr anrühren.

Meine Mutter erinnert sich:

Mit dem Essen war es kompliziert. Heilpraktiker empfahlen uns die unterschiedlichsten Diäten: keine Milch, nichts Süßes, Stutenmilch, eingefroren mit Körnern ... Geholfen hat das alles nichts. Alexander hat sich natürlich leidgetan, wenn er sich mit den anderen Kindern verglich: Er durfte so gut wie nichts und sie durften alles.

Wenn ich morgens vor der Schule nach draußen blickte, begann ich mir Sorgen zu machen. Ich fragte mich: »Wie wird das Wetter?« Wenn es nach Hitze aussah, malte ich mir aus, wie der Schweiß in den Wunden jucken würde. Wenn Kälte vorausgesagt war, spürte ich in Gedanken schon, wie mir der Wind auf den Hals blies und schmerzte. Dazu kam die Angst vor der Schule: »Wird mich heute jemand hänseln? Wird mich heute jemand akzeptieren? Werde ich starke oder schwache Schmerzen haben?« Mit solchen Befürchtungen im Kopf trat ich zur Tür hinaus.

Mit dem Gang auf die Straße begann für mich der alltägliche Spießrutenlauf. Ich fühlte mich immer beobachtet. Während sich mir die Blicke der Passanten in den Rücken bohrten, ging ich mit gesenktem Kopf und eingezogenen Schultern zügig voran.

Ich fühlte mich wie *Gollum*, das gekrümmte Wesen aus *Herr der Ringe*. Diese gebeugte Körperhaltung wurde ein Teil von mir, ich dachte, wenn ich mich einigelte, würden mich die Verletzungen nicht so tief treffen. Doch ich verlor langsam den Glauben daran, dass die Welt gut war. Das Leben war doch nichts als eine Plage.

Die Fahrt im Bus zur Schule glich einem Roulettespiel. Ich wusste nie, wie die Menschen auf mich reagieren würden. Entweder starrten sie mich entsetzt an oder warfen mir heimliche Blicke zu – sie gaben vor, mich nicht zu sehen, sahen jedoch verstohlen hin. Es kam sogar vor, dass ich nicht mitgenommen wurde. »Nimm's mir nicht übel, Junge, aber du kannst hier nicht mitfahren«, sagte der Busfahrer, als ich gerade den Fuß auf das Trittbrett gesetzt hatte. »Sonst bricht hier noch Panik aus. Die Leute denken womöglich, sie könnten sich anstecken.« Mit diesen Worten drückte er auf den Knopf und die Türen schlossen sich vor mir. Ein anderes Mal forderte mich eine Frau auf, an der nächsten Haltestelle auszusteigen. »Meine Krankheit ist nicht ansteckend«, erwiderte ich. Doch sie glaubte mir nicht. Andere behaupteten, mein Anblick würde kleine Kinder verstören. Nach einem kurzen Wortwechsel stand ich in der Regel auf und stieg aus. Ich hatte noch nicht genügend Selbstbewusstsein, um einfach sitzen zu bleiben. Später änderte sich das und ich bestand auf meinem Bleiberecht, aber in jüngeren Jahren traute ich mir das noch nicht zu. Während ich zur Tür ging, fing ich die Blicke der anderen Fahrgäste auf. Ungläubig, fragend, empört und mitleidig sahen sie mich an. Sie dachten auch, dass ich nicht aussteigen müsste. Doch sie trauten sich nicht, etwas zu sagen, niemand setzte sich für mich ein. Ich fühlte mich ohnmächtig und alleingelassen, gleichzeitig hasste ich alle um mich herum: diejenigen, die mich drängten, auszusteigen, und die anderen, die schwiegen. Sie waren alle gegen mich. Frustriert und wütend stieg ich aus, stellte mich wieder an die Haltestelle und wartete mit Zornestränen in den Augen auf den nächsten Bus.

Endlich in der Schule angekommen, wurde es ein wenig besser. In der neuen Schule hatte ich tatsächlich Freunde gefunden.

Mein allerbester Freund in der Klasse war ein Nachbarsjunge. Er war ein fröhlicher und positiv denkender Junge, bei ihm ging es nie um meine Krankheit, sondern um mich als Menschen. Er fragte: »Kommst du rüber? Wollen wir Playmobil spielen?« Und dann bauten wir unsere Playmobil-Landschaften auf, spielten und lachten. Er war der Beliebteste in der Klasse, so avancierte ich zum Zweitbeliebtesten. Freunde wie ihn hatte ich später viele: optimistische, sonnige Personen, die von allen gemocht wurden. Sie heiterten mich auf, rissen mich mit ihrem fröhlichen Elan mit. Ich hatte keine Lust dazu, wie ein Trauerkloß herumzuhängen, es ging mir selbst schlecht genug, ich wollte lachen und fröhlich sein. Diese Freunde beschützten mich auch. In der Volksschule fühlte ich mich daher richtig integriert. Auch mit den Lehrern lief es gut.

Aber leider wurde dadurch nicht automatisch alles besser. Ständig durfte ich irgendetwas nicht. Wenn ich zu einer Geburtstagsfeier eingeladen war, saß ich zwischen den anderen Kindern und musste zusehen, wie sie fröhlich den Geburtstagskuchen mit den vielen Smarties aßen. Wegen meiner Allergie gegen Zucker, Eier und bestimmte Mehlsorten durfte ich kein Stück abbekommen. Stattdessen holte ich meine Box mit dem mitgebrachten Dinkelkuchen hervor und kaute lustlos auf dem faden Gebäck herum. In der Schule kam mir mein Pausenbrot vor wie eine Gefängnisration, nichts davon mochte ich. Ich würgte meinen Tofu hinunter und trank widerwillig die Sojamilch. Essen und Trinken war weder in der Kindheit noch in der Jugend eine erfreuliche Erfahrung für mich, bis heute fällt es mir schwer, Mahlzeiten zu genießen. Wegen meiner Allergien konnte ich auch an anderen schulischen Aktivitäten nicht teilnehmen: Aufgrund einer Sonnenallergie durfte ich zeitweise nicht mit der Schulklasse ins Freibad, wegen einer Gräserallergie durfte ich nicht auf den Ausflug in den Park mitkommen. Ich fühlte mich wie im Gefängnis, eingesperrt von den Regeln der Krankheit.

Mein Freund Günther erinnert sich:

Ich kenne Alexander seit dem Kindergarten. Aber daran kann ich mich nicht mehr gut erinnern. Alexander ist ein wenig älter als ich, daher waren wir nie in derselben Klasse. Auf dem Spielplatz ist er mir zunächst eher negativ aufgefallen, er sah einfach fürchterlich aus, hässlich und schockierend. Teilweise war er bei den anderen Kindern Gesprächsthema: »Schau mal, der Egger, wie der aussieht!«

Aber im persönlichen Umgang mit ihm waren sie ziemlich fair. Ich glaube, er hat sie mit seiner inneren Stärke beeindruckt und mich auch, als ich ihn besser kennenlernte. Er hat sich von außen nichts anmerken lassen. Wenn jemand zu ihm kam und sagte: »Ey, du bist hässlich.« Dann antwortete er: »Das weiß ich, was willst du?« Er gab immer Kontra. Ich glaube, das hat allen imponiert und schließlich haben sie ihn in Schutz genommen, er war integriert in der Clique. Bei vielen weckte er einen Beschützerinstinkt. Wenn ihn jemand blöd ansprach, der ihn noch nicht kannte, dann wurde er von seinen Freunden verteidigt. Die sagten dann zu demjenigen: »Ey, wenn du ein Problem mit ihm hast, dann hast du ein Problem mit uns. Mach das nicht, das tut man nicht.« Und nachdem man sich an ihn gewöhnt hatte, war er einfach ein normaler Freund.

Als Kind war ich einmal bei einer Geburtstagsfeier bei ihm zu Hause eingeladen. Ich war erstaunt darüber, was er alles geschenkt bekam. Davon konnte ich nur träumen, die neuesten Computerspiele und andere teure Spielsachen. Seine Eltern verwöhnten ihn, versuchten es, ihm schön zu machen. Ich beneidete ihn darum, aber später verstand ich, dass er in Wahrheit der Arme war und wir die Beschenkten. Wir konnten jeden Tag draußen Fußballspielen gehen, er musste drinnen sitzen mit seinem ganzen Spielzeug.

In der weiterführenden Schule habe ich gute Freunde gefunden, mit denen ich bis heute befreundet bin. Sie hielten wirklich zu mir. Im Landschulheim teilten sie ein Zimmer mit mir. Einmal ging es mir dort sehr schlecht. Da cremten sie mir zu dritt den Rücken ein, um die Schmerzen zu lindern. Sie legten mir ein kaltes

Handtuch auf, luden mich auf ein Getränk ein und holten mir einen Orangensaft vom Automaten. Das werde ich nie vergessen. In der Gegenwart meiner Freunde konnte ich fröhlich sein. Das mochten sie wiederum an mir: diesen Optimismus, der doch noch nicht ganz verschüttet war – trotz aller Schwierigkeiten. Außerdem konnte auch ich sie aufmuntern und trösten, wenn sie eine schlechte Schulnote bekamen oder sich mit ihren Freunden stritten. So lernte ich, dass auch ich etwas geben konnte und nicht immer nur nehmen musste.

Wenn wir zusammen Fußball spielten, schubsten sie mich nicht herum und berührten mich nur vorsichtig, da sie wussten, dass es mir wehtat. Wenn ich gehänselt wurde, verteidigten sie mich. Und später, als sich die Jungen und Mädchen füreinander zu interessieren begannen, war ein sehr hübsches Mädchen, das später auch als Model arbeitete, immer zuvorkommend und sehr freundlich zu mir, um mich mental zu unterstützen. Aber natürlich gehörte ich nicht zu denjenigen, denen man heimlich kleine Briefchen zusteckte, auf denen geschrieben stand: »Ich habe dich lieb.« Von einer Freundin konnte ich als Jugendlicher nur träumen. Welches Mädchen wollte schon jemanden wie mich?

Meinen Freunden habe ich viel zu verdanken. Ohne sie wäre ich wahrscheinlich depressiv geworden. Durch sie behielt ich meine fröhliche Grundnatur, denn in ihrer Gegenwart konnte ich aufatmen und mich entspannen. Ich wusste, dass ich mich vor ihnen nicht verstecken musste. Ein Freund hatte zu Hause einen Swimmingpool und eine Sauna. Ohne Scheu zog ich mich dort aus, saunierte und schwamm im Pool. Ich wusste, dass er mich nicht anglotzen würde. Er akzeptierte mich, so wie ich war. Wir gingen auch zusammen in die Dorfdisco. Zwar konnte ich mich wegen der Schmerzen kaum bewegen und stand herum wie ein Baum, aber meine Freunde hielten zu mir, bei ihnen fühlte ich mich geborgen.

In gewisser Weise hatte ich daher in meiner Kindheit und Jugend eine widersprüchliche Natur: einerseits der fröhliche, optimistische, lebensbejahende Alexander – diese Anlagen brachte ich mit; andererseits der traurige, schmerzgeplagte, aggressive und depressive Junge – herausgefordert durch die Krankheit. Diese Gefühle wechselten sich ständig ab, wenn sie nicht von der Müdigkeit überlagert wurden. Da ich in der Regel erst um fünf Uhr morgens einschlief und Medikamente nahm, die mich benebelten, war ich immer erschöpft. Außerdem fühlte ich mich wegen der vielen Diäten schwach, vielleicht war dadurch mein Gehirn mit Nährstoffen unterversorgt – ich konnte mich kaum konzentrieren. Nachmittags lag ich kraftlos auf dem Bett, vormittags schlief ich in der Schule ein. Häufig schickten mich die Lehrer dann nach Hause – es hatte ja so keinen Zweck.

Wenn ich mich kraftlos fühlte, schloss ich mich in meinem Zimmer ein und zog die Vorhänge zu. Mein warmes, kuscheliges Zimmer war mein Kokon. Die harte Wirklichkeit, der Stress und der Druck sollten draußen bleiben. Keiner sollte mich sehen – ich selbst wollte mich auch nicht sehen. Dann schlief ich in der Einsamkeit meines Zimmers irgendwann vor Erschöpfung ein. Teilweise schlief ich tagsüber bis zu 14 Stunden. Wenn ich nicht schlief, las ich, flüchtete in die Welt der Bücher und vergaß für einen Augenblick meine Probleme. Besonders psychologische Literatur interessierte mich. Mit zwölf Jahren las ich Bücher von Sigmund Freud. Ich wusste, dass das Leben nicht gerecht war. Ich war sensibilisiert für Fragen nach dem Sinn, Leid und die Abgründe des Daseins. Ich wollte Menschen verstehen und ich wollte begreifen, warum man überhaupt krank wird. Vielleicht hatte meine Krankheit ja seelische Ursachen? In der sechsten Klasse las ich »Krankheit als Weg«, einen Bestseller von Thorwald Dethlefsen und Rüdiger Dahlke. Ich dachte viel über mich selbst und mein Leben nach und notierte meine Gedanken in meinem Tagebuch. »Warum gibt es Leid? – Lohnt es sich, zu hoffen, oder ist es besser, die Erwartungen nicht zu hoch zu stecken?« Diesen Fragen versuchte ich in meinen Tagebucheinträgen auf den Grund zu gehen.

Besonders beeindruckten mich Geschichten von Menschen, die mit schwierigsten Umständen kämpfen mussten und dennoch überlebten. Viktor Frankl zum Beispiel, der im KZ inhaftiert war und überlebte. Sein Vater starb in Theresienstadt, seine Mutter in den Gaskammern von Auschwitz, seine Frau in Bergen-Belsen. Trotzdem behielt er eine positive Lebenseinstellung. Im Alter von neun bis elf Jahren hatte ich die Spielfilmreihe *Rocky* mit Sylvester Stallone gesehen. Rocky war mein Held und mein Vorbild. Der Arbeiter aus einfachen Verhältnissen, der sich als Boxer bis ganz nach oben kämpfte, rührte mein Herz. So wie er wollte ich sein und mich nicht unterkriegen lassen. Wenn ich diesen Film sah, dachte ich mir: »Ja, es kann nur besser werden!« Das *Auge des Tigers*, nach der Titelmelodie *Eye of the Tiger* von *Rocky III*, das den starken Willen zum Überleben beschreibt, wurde für mich zu einem Sinnbild. Ich hängte mir ein Tigerposter an die Wand.

Bücher und Filme machten mir Mut, ebenso gute Worte von Freunden und Familienmitgliedern. Ich notierte mir die Worte und Gedanken und nahm mir vor, die Hoffnung nicht aufzugeben. Leider ging diese Einstellung schnell wieder flöten, wenn mich jemand auf der Straße blöd ansprach oder verspottete.

Draußen vor meinem Fenster schien die Sonne und die Nachbarskinder rannten lachend die Straße hinunter, während ich ihnen durch die Vorhänge hindurch heimlich hinterherblickte. Es war nicht so, dass niemand mit mir spielen wollte – meine guten Freunde klingelten häufig an der Haustür und fragten, ob ich herauskommen wollte. Aber oft fühlte ich mich zu müde und ließ mich von meinem Stiefvater entschuldigen. An solchen Tagen kroch ich ins Bett, die Wärme unter der Decke war Balsam für meine Haut. Dann stand ich oft erst nachmittags um fünf Uhr wieder auf und setzte mich vor den Fernseher, um mich abzulenken.

Es gab aber auch weniger düstere Tage, an denen ich hinausging und Zeit mit den Nachbarskindern verbrachte. Wenn die Schmerzen es zuließen, fuhr ich Fahrrad, spielte mit den Kindern »Räuber und Gendarm« oder Verstecken. Meine Mutter ermutigte mich, nach draußen zu gehen. Sie wollte nicht, dass ich mich isolierte, und so blieb mir manchmal nichts anderes übrig, als irgendwo zu klingeln und zu sagen: »Hallo, hier bin ich. Kann ich reinkommen?«

Meine Mutter drängte mich dazu, selbstbewusst zu mir zu stehen. Sie schickte mich zu Schulfeiern oder an den See und sagte mir, ich solle mich am Strand mit nacktem Oberkörper zeigen – trotz all meiner Wunden und Verletzungen. »Du kannst das T-Shirt ruhig ausziehen. Die anderen Leute sind auch nicht perfekt. Mach's einfach!«, sagte sie immer wieder. Sie drängte mich dazu, wie ein normaler Jugendlicher zu leben. Damals verdrehte ich oft genervt die Augen oder drohte damit, mich in meinem Zimmer einzuschließen, aber heute bin ich dankbar dafür, dass ich durch sie lernte, zu mir selbst zu stehen und mich zu behaupten.

Trotzdem konnte ich nicht aus meiner Haut: Nie konnte ich völlig unbeschwert mit meinen Freunden Zeit verbringen, weil ich nicht alles mitmachen konnte. Ich ging zum Beispiel ungern schwimmen, da das Wasser ja in meinen Wunden schmerzte, außerdem schämte ich mich, wenn ich von den anderen Badegästen angestarrt wurde. Meine Freunde waren immer verständnisvoll, aber wenn man nicht alles mitmachen kann, ist es schwierig, beste Freunde zu haben.

Mein Freund Günther erinnert sich:

Als Alexander so fürchterlich krank war, habe ich ihn eigentlich nur an seinen »guten Tagen« erlebt, denn nur dann konnte er mit uns um die Häuser ziehen. Diese »Hochphasen« hat er aber immer ironisch belächelt: »Ja, heute geht es mir gut, heute halt, weil ich heute draußen sein kann. Aber in den nächsten vierzehn Tagen muss ich wieder in meinem Zimmer sitzen.« Aus diesem Grund war es für ihn sehr schwierig, Freundschaften aufzubauen, ich lernte ihn in dieser Zeit auch noch nicht richtig kennen. Als Teenager ist es so, dass man wochenlang zusammen Zeit verbringen muss, bis man sagt: »Das ist mein Freund.« Und das ging mit ihm nicht. Mal war er da, aber oft fehlte er. Aus Mitleid versuchten wir ihn zu integrieren, gaben ihm beim Spielen Aufgaben, nahmen ihn mit zum Baden. Dann saß er da, verpackt wie eine Mumie und mit einem riesigen Sonnenhut, um sich vor der Sonne zu schützen. In der Regel ging er nicht mit ins Wasser, wir setzten uns dann zu ihm an den Strand und spielten mit ihm Karten. So war er einfach dabei. Wir versuchten ihn aufzumuntern: »Hey Alexander, schaust heute gut aus, passt alles.« Aber er hat uns nicht geglaubt. Er war oft depressiv. Wenn man ihn allerdings näher kennenlernte, merkte man, dass er auch ein ganz witziger Typ sein konnte.

Man hat gemerkt, dass ihn seine Situation regelrecht angekotzt hat. Er hatte oft etwas Trauriges im Gesicht, er machte sozusagen »gute Miene zum bösen Spiel«. Er hatte keine Lust auf sein Leben.

Während seiner Krankheitszeit hat es für ihn Höhen und Tiefen gegeben, doch die Tiefen nahmen zu. Generell verbrachte er wenig Zeit in der Schule, oft war er bettlägerig und bekam frei. Ein-, zweimal sah ich, dass er sogar in einem Rollstuhl zur Bushaltestelle kam, weil er sich wegen der Wunden kaum noch bewegen konnte. Das war wirklich der Wahnsinn.

Die beißenden Schmerzen machten mich zum Teil extrem aggressiv. Ich schlug wild auf meine Haut ein, schrie meine Familie an und trat vor Zorn an die Wand in meinem Zimmer. In späteren Jahren, als Jugendlicher, fiel ich vor lauter Schmerzen manchmal sogar in Ohnmacht und musste starke Schmerzmittel nehmen. Die vielen Medikamente und die eingeschränkte Ernährung schwächten mich körperlich sehr. Wahrscheinlich war ich durch die Diäten ungenügend ernährt, ich war schmächtig und wuchs nur langsam.

Voller Wut, Zorn und Neid schaute ich auf die anderen, denen es so viel besser ging als mir. Warum nur konnte ich kein normales Kind sein wie alle anderen auch? Weil ich mich klein und hässlich fühlte, hatte ich kein positives Selbstwertgefühl und entwickelte somit auch kein Selbstvertrauen. Ich traute mir nichts zu, selbst die einfachsten Dinge schienen mir unüberwindlich. Als ich zum Beispiel einmal ein Modellauto geschenkt bekam, wagte ich zwei Tage nicht, die Packung zu öffnen. Ich glaubte einfach nicht daran, dass ich fähig war, das Auto zusammenzubauen. Obwohl es mir dann schließlich doch gelang, blieb ich weiterhin zögerlich und mutlos. »Wie soll aus mir irgendetwas werden?«, fragte ich mich. Wenn ich nie gesund werden würde, wie würde später mein Leben aussehen? Die Hoffnung auf Linderung war in weite Ferne gerückt. Wenn ich an die Zukunft dachte, verfiel ich regelrecht in Panik.

Ab der neunten Klasse saß ich alleine an einem Tisch. Die Krankheit war zu diesem Zeitpunkt sehr fortgeschritten. Ich musste mich häufig kratzen, mich immer wieder während des Unterrichts eincremen, schlief manchmal quer über dem Tisch liegend ein und roch schlecht. Das hätte man keinem Tischnachbarn zumuten können. In meinem Zustand fühlte ich mich alleine an einem Tisch wohler, das war mein kleiner Freiraum, zumindest diesen hatte ich. Zu diesem Zeitpunkt war es mir auch nicht mehr so wichtig, in der Klasse integriert zu sein. Ich war müde und brachte nicht die Kraft auf, mich um Freunde zu bemühen. Zwar gehörte ich nach wie vor zu meiner Clique, aber mittlerweile war mir alles gleichgültig. Freunde kosteten viel Energie.

So auch die Schule. Während meiner schlimmsten Krankheitsphase bezahlte mir meine Großmutter väterlicherseits einen Privatlehrer, der mich ergänzend zur Schule unterrichtete. Wir trafen uns bei meiner Oma oder gingen in die Bibliothek. Er nahm auf meine speziellen Einschränkungen Rücksicht. Die Nachhilfe hatte ich dringend nötig, weil ich in der Schule häufig fehlte: Mal war ich zu müde, um das Haus zu verlassen, mal musste ich zu Untersuchungen ins Krankenhaus oder ich war in Kur. Außerdem schwänzte ich manchmal. Ich ertrug die ganzen Belastungen einfach nicht mehr. Meine Mutter wusste nichts davon. Ich ging wie jeden Morgen aus dem Haus, doch statt zur Schule ging ich an den Badesee und legte mich ans Ufer. Oder ich setzte mich im Winter in ein Café und bestellte mir aus Trotz eine Cola, obwohl ich Cola eigentlich nicht trinken durfte. Die vielen Fehlzeiten wirkten sich natürlich auf meine Noten aus und ich war immer mehr davon überzeugt, dass ich es zu nichts bringen würde.

Abends klebten die Kleider an mir fest. Meine Familie half mir, mich auszuziehen, denn zum einen war ich nicht beweglich genug, um mir einen Pulli über den Kopf zu ziehen, und zum anderen musste man die Kleider langsam und vorsichtig von der Haut lösen, damit die Haut nicht mit abgerissen wurde. Meine Mutter tropfte Milch, Wasser oder andere Substanzen auf den Stoff und zog ihn dann ganz langsam von meiner Haut ab, Millimeter für Millimeter. Wieder spürte ich Schmerzen, wieder musste ich eingecremt werden. Und dann kam die Nacht, vor der ich mich jedes Mal wie wahnsinnig fürchtete.

Ich fühlte mich während der gesamten Zeit meiner Krankheit wie ein Gefangener: eingesperrt in einem Körper, der mich peinigte, eingeschränkt durch Nahrungs- und Verhaltensvorschriften, gefangen in meinem Zimmer, weil ich mich häufig nicht mehr auf die Straße wagte. Bis heute hasse ich es, immer an gleichen Orten zu arbeiten oder zu sein.

Immer wieder Therapien …

In der Menge war auch eine Frau, die seit zwölf Jahren an Blutungen litt. Sie hatte in dieser Zeit bei vielen Ärzten Schlimmes durchgemacht. Ihr ganzes Vermögen hatte sie eingebüßt, um sie zu bezahlen, ohne dass es ihr besser ging. Es war sogar schlimmer geworden.

Markusevangelium 5,25-26

Natürlich probierte ich unzählige Behandlungsmethoden aus. Ich bin absolut erfahren auf dem Gebiet der Neurodermitistherapie, da ich alles durchgemacht habe: Schulmedizin, alternative Heilmethoden, Esoterik.

Ich weiß nicht, wie viele Stunden und Kilometer ich im Auto verbrachte, um zu Ärzten und Experten in Österreich und Deutschland zu fahren. Oft musste meine Schwester uns begleiten und sich stundenlang im Wartezimmer langweilen, während draußen die Sonne schien. Andere Familien planten einen Ausflug an den Badesee, wir fuhren stattdessen an den Wochenenden oder nach Feierabend zu Ärzten und kamen erst spät wieder heim. In unserer Familie lief kaum noch etwas nach normalen Maßstäben ab.

Meine Ärzte und das medizinische Personal in den Kliniken machten mir immer wieder Mut und richteten mich auf. Ohne sie hätte ich schon viel früher aufgegeben. Sie führten Tests mit mir durch, um herauszufinden, welche Nahrungsmittel und Substanzen ich nicht vertrug.

Doch manchmal steckten die Ärzte ihre Hoffnungen zu hoch. »Die Symptome können wahrscheinlich gelindert werden«, sagten sie zu mir und ich klammerte mich an ihre Worte. Zuerst sah alles immer vielversprechend aus. Die Spezialisten hatten mir Mut gemacht. Doch dann wurde es wieder schlimmer.

Häufig fiel der Satz: »Alexander, wir schaffen das gemeinsam.« Irgendwann konnte ich diese Worte nicht mehr hören, ich fürchtete mich schon davor, dass sie wieder ausgesprochen wurden. Die Ratgeber verschrieben oder empfahlen uns eine Unmenge an Medikamenten, Tinkturen, Salben, Cremes und speziellen Nahrungsmitteln. Ich durfte zum Beispiel längere Zeit keine Milch trinken und bekam stattdessen Stutenmilch. Sie ist teurer als Kuhmilch und viel aufwendiger zu beschaffen. Oder ich trank Kefir. Ich fand das Zeug widerlich.

Es wurde nicht besser und der Frust nach jedem Rückfall überwältigte mich fast. Ich igelte mich ein und schwor mir, niemandem mehr zu glauben, ganz gleichgültig, was er mir versprach.

Was mir jedoch half, waren Kuren. Leider übernahm unsere Ortskrankenkasse keine Kurkosten für mich, aber einige Familienmitglieder waren bereit, trotzdem mit mir zu verreisen – auf eigene Kosten. Wir fuhren an Orte, die für mich besonders heilsam sein könnten. Mit meiner Tante und meiner Großmutter reiste ich ans Meer nach Spanien, Griechenland, in die Türkei und nach Israel. Sonne, Wind und die salzige Luft waren Balsam für meine Haut. Mit meiner Tante und ihrem Freund fuhr ich ans Rote Meer und ans Tote Meer, das ja besonders heilsam sein soll. Dort übernachteten wir in einem Kibbuz, in dem Heilbehandlungen angeboten wurden. Ich ging dort in eine Hautklinik, besuchte Thermen mit heißen Quellen, erhielt Behandlungen mit Moor- und Schlammpackungen sowie Einreibungen mit speziellen Ölen. Das genoss ich, es tat mir sehr gut. Einige Male wagte ich mich sogar ins Tote Meer. Als das Salzwasser wie Feuer in meinen Wunden brannte, hörte man mein Schreien wahrscheinlich vom Nord- bis zum Südufer. Vor Schmerzen wurde ich fast ohnmächtig. Doch nach diesem ersten Schock entfaltete das Wasser seine wohltuende Wirkung und einige Zeit nach dem Bad fielen sogar die Krusten ab und rosige Haut kam zum Vorschein. Als ich die gesunde Haut sah, hätte ich jubeln können vor Glück, es war der Himmel auf Erden. Die Linderungen waren nur kleinflächig, doch mir bedeuteten sie schon sehr viel.

Ungefähr fünf bis sechs Wochen im Jahr war ich auf Reisen. Das war natürlich ein Privileg. Meine gesunde Schwester bekam keinen Urlaub geschenkt und sah nicht so viel von der Welt. Ich hätte jedoch auf der Stelle mit ihr getauscht. Trotzdem liebte ich diese Urlaube, ich konnte mich vom Alltag erholen und meine Haut sah hinterher immer viel besser aus. Es war spannend, die Länder zu bereisen, und obendrein konnte ich im Urlaub meine Großmutter besser kennenlernen. Sie erlebte auf den Reisen mit, was es hieß, wenn man sich ständig kratzen musste, und sie tröstete mich, wenn ich weinte. Wir führten viele Gespräche und verstanden uns gut. Doch immer, wenn sich der Urlaub dem Ende näherte, bekam ich Angst. Ich wusste, dass ich wieder unter großer Anspannung stehen würde, sobald ich zu Hause war.

Nach den Reisen sah ich jedes Mal besser aus und meine Mutter versuchte mit allen Mitteln, meinen Zustand zu erhalten. Nach dem Israelaufenthalt badete ich fast täglich in einer Salzlösung aus dem Toten Meer. Meine Tante hatte Wasser aus dem Toten Meer in Flaschen abgefüllt und im Flugzeug nach Hause transportiert. Natürlich war mein Badewasser nicht so salzig wie das Tote Meer, wo der Salzgehalt so immens hoch ist, dass man nicht untergehen kann – aber einen Versuch war es wert. Wieder fühlte ich mich unter Druck, gesund zu werden. Ich wollte endlich normal sein und niemandem mehr zur Last fallen.

Umso schlimmer waren dann die Rückfälle nach den Kuren. Zwei, drei Wochen später sah ich wieder so aus, als sei ich nie im Urlaub gewesen – manches Mal ging es mir sogar noch schlechter als vorher. Vor Enttäuschung fiel ich in ein tiefes schwarzes Loch und fand monatelang nicht mehr aus dieser Frustration heraus. Ich vergrub mich in meinem Zimmer und versank in Depressionen.

Auf den nächsten Reisen bekam ich vor der Heimfahrt regelrechte Panikzustände, da ich den Rückfall fürchtete, der mich zu Hause wieder aus der Bahn werfen würde. Darum entschied ich mich nach einer gewissen Zeit, nicht mehr auf Reisen zu gehen. Die Kuren schienen letztendlich sinnlos und ich wollte mir die schweren Rückfälle und die Enttäuschungen lieber ersparen.

Zwischen den Kuren und den ärztlichen Behandlungen brachte mich meine Mutter, die spirituell für alles offen war, fast wöchentlich zu Heilern, Hexen und Schamanen. Ich lag auf einer gepolsterten Liege und blickte an die pastellgrüne Decke. Leise Panflötentöne erfüllten den Raum. »Schließ die Augen«, beschwor mich der Heiler, »ich öffne nun meine Chakren. Dein Körper zieht nun von selbst die Energie in sich hinein.« Seine Worte schwebten wie Gesang im Raum. Ich spürte ihn neben mich treten, fühlte seine Hände über mir.

»Deine Aura ist voll mit Schmerzensenergie«, hatte er mir zu Beginn der Sitzung langsam und mit Bedacht erklärt, als wäre ich ein gefährlicher Geisteskranker, den man unbedingt ruhig halten musste. Seine Hände hatten seine Worte dabei mit fließenden, feierlichen Bewegungen untermalt. Nun hielt er seine Hand ruhig über meinen Kopf.

Er war nicht der einzige Heiler, zu dem mich meine Mutter brachte. Ich vermute, dass es ungefähr hundertfünfzig verschiedene alternative Heilverfahren waren, die ich im Laufe der Jahre kennenlernte. Einige Esoteriker legten mir die Hände auf und sprachen von Geistheilung. Reiki-Lehrer wollten »universelle Lebensenergie« auf mich übertragen. Andere befragten sogenannte »Engel«, wie mir zu helfen sei, und versuchten meine Beschwerden mit dieser »Engelkraft« zu lindern. Man legte mir Blutegel an und ich praktizierte Qi-Gong und Yoga. Ich wurde in »frühere Leben« zurückgeführt – vielleicht hatte ich ja ein schlechtes Karma. Möglicherweise hatte ich in einem früheren Leben irgendetwas Schlimmes getan und musste mit meiner Krankheit für vergangene Missetaten büßen? Dieses schlechte Karma musste natürlich unbedingt wieder aufgelöst werden. Nur wie? Wiederum andere führten Farbtherapien mit mir durch. Für ein Dunkelkammerexperiment wurde ich einmal 120 Kilometer von Salzburg nach Oberösterreich gefahren. Zwei Tage lang setzte man mich für einige Stunden in eine finstere Kammer, abgeschlossen von äußeren Reizen. Im Dunkeln sollte ich meditieren und über mich selbst nachdenken. Außerhalb dieser Sitzungen hatte man freie Zeit oder konnte mit den Leitern oder anderen Teilnehmern Gespräche führen. Ich war das einzige Kind unter lauter Erwachsenen und fühlte mich unter ihnen ein wenig deplatziert. Diese merkwürdige Therapie brachte mir überhaupt nichts, ich dachte im Dunkeln zwar über alles Mögliche nach, aber dafür hätte ich nicht den weiten Weg auf mich nehmen müssen – schließlich grübelte ich zu Hause in meinem dunklen Zimmer auch über Gott und die Welt.

Alles Mögliche wurde für mich ausgependelt: Welche Nahrungsmittel ich zu mir nehmen durfte und welche nicht oder ob mein Bett richtig positioniert war. Vielleicht stand es an einem falschen Platz und musste verrückt werden, damit ich besseren

»Schwingungen« ausgesetzt war? Unter mein Bett hatte meine Mutter Wasserpyramiden in allen Formen und Farben gestellt – sie sollten »Energie« in meinen Körper leiten. Ich machte sogar eine sogenannte »Bluttherapie«: Da trug ich mein eigenes Blut in einem Kettchen tagelang mit mir herum.

Zu Anfang sah es immer sehr hoffnungsvoll aus. Ich saß vor einem Guru, der mir viele gute Dinge versprach, aber es lief beständig darauf hinaus, dass ich selbst etwas tun oder leisten musste, meine Heilung also aus eigener Kraft bewirken sollte. Heute glaube ich nicht mehr daran, dass dies funktioniert. Außerdem war ich damals körperlich und psychisch so geschwächt, dass ich mich alldem nicht gewachsen fühlte. Weder war ich in der Lage, mich zu einer bestimmten Kapelle auf einem bestimmten Berg zu schleppen, noch konnte ich mir regelmäßig in der Meditation gewisse Dinge vorstellen – denn auch das kann auf Dauer anstrengend werden. So fühlte ich mich wieder einmal enorm unter Druck gesetzt.

Geholfen haben diese Therapien nichts. Ich schaute mir die Heiler jedes Mal genau an: Sie machten einen merkwürdigen Eindruck auf mich, entrückt und weltfremd. Bei ihrem Anblick dachte ich mir: »So möchte ich selbst nicht sein.« Ihre Aussagen verwirrten mich, jeder hatte seine eigene Theorie, ihre verworrenen Äußerungen machten mich sogar aggressiv.

Eines lernte ich jedoch: Dass man durch Entspannungstechniken und Meditation seinen Geist öffnet und die Welt, die uns umgibt, intensiver wahrnimmt, auf sich selbst hört und zur Ruhe kommt. Doch das ist nichts speziell Esoterisches. Wenn ich heute eine Bergwanderung unternehme und mich für zwei Stunden einfach nur ruhig hinsetze, hat es denselben Effekt. Das ist ganz normal, das ist die Stille.

Insgesamt gab meine Familie für all diese Therapien, Kuraufenthalte im Ausland, Heilmittel, spezielle Nahrungsmittel und Benzinkosten für die Fahrten zu den Ärzten sechshundert bis siebenhundert Euro im Monat aus. So sind im Laufe der Jahre ungefähr 120 000 Euro zusammengekommen. Glücklicherweise verfügte meine Familie über die nötigen finanziellen Mittel. Mein Vater zahlte gut für meinen Unterhalt – er leitete die Geschäfte einer erfolgreichen IT- und Kopiertechnikfirma –, mein Stiefvater verdiente als Geschäftsführer einer Druckerei auch sehr gut und auch meine Großeltern unterstützten uns großzügig. Ohne dieses Einkommen hätte ich auf viele Behandlungen verzichten müssen. Leider bewirkten diese ganzen Unternehmungen keine Heilung, sondern brachten höchstens vorübergehende Linderungen. Ich kämpfte mit weiteren Krankheitsschüben, meine Haut schmerzte schlimmer denn je und ich wurde von Tag zu Tag erschöpfter.

Die Sache mit Gott

Ach, wollte sich meine Bitte erfüllen, würde Gott meine Hoffnung wahr machen!

Hiob 6,8

Die Sach

Gott war bei uns zu Hause nur selten Gesprächsthema. Mein Stiefvater verfügte jedoch über eine gewisse Frömmigkeit. Er stammte aus einer Bauernfamilie; Glaube, Tradition und Werte waren ihm wichtig. Er wusste es zu schätzen, dass die Kirche dafür sorgte, dass Werte gesellschaftlich aufrechterhalten werden. Wenn wir zusammen in den Bergen wandern gingen oder Motorrad fuhren, dann hielt er vor den kleinen Kirchen, Statuen und Wegkreuzen an, die es in Österreich häufig gibt. Dort bekreuzigte er sich oder sprach ein kurzes Gebet. Doch darüber hinaus ist mir keine weitere religiöse Gewohnheit bei ihm aufgefallen, ich sprach mit ihm auch nur oberflächlich über Gott. Der Tenor seiner Aussagen war: Vielleicht gibt es Gott, vielleicht nicht.

Meine Urgroßmutter jedoch hatte mir ihre Art des Glaubens vorgelebt, als ich als kleiner Junge bei ihr gewohnt hatte. Jeden Abend hatte sie vor dem Schlafengehen mit mir gebetet, einfache Gebete, schlicht formulierte Wunschlisten, die mit einem »Danke« abschlossen. Beten war mir also nicht fremd, aber über den Glauben wusste ich kaum etwas.

In den Jahren, die ich bei meiner Urgroßmutter verbracht hatte, war Gott für mich ein graubärtiger alter Mann auf einer Wolke gewesen – ein gütiges Fabelwesen. Damals hatte ich fest daran geglaubt, dass Gott es gut mit mir meinte und mir eines Tages helfen würde. Darum war ich als kleiner Junge nicht enttäuscht gewesen, als ich nach den Gebeten nicht gleich gesund geworden war. Auf dem Spielplatz hatte ich bereits andere Kranke gesehen, denen es schlechter ging als mir, Kinder, die im Rollstuhl saßen. Ich wusste daher bereits als kleiner Junge, dass es schwere Krankheiten gab, die nicht so einfach verschwinden würden. Und dass Schicksalsschläge auch Kinder treffen konnten. Also nahm ich meine Krankheit, die damals noch nicht so fortgeschritten war, als mein Schicksal auf mich. Ich gab Gott keine Schuld daran. Ich vermutete, dass Allergien die Ursache für meine Neurodermitis sein könnten und wäre nie auf die Idee gekommen, Gott für meine Beschwerden die Schuld zu geben. Ich nahm mir daher vor, geduldig zu sein, und vertraute darauf, dass der allwissende große Gott im Himmel eines Tages auch den kleinen Alexander auf Erden heilen würde.

Doch die Zeit verging und meine Haut brannte, juckte und blutete immer mehr. Die kindlichen Gebete lagen weit zurück. Langsam begann ich die Geduld mit Gott zu verlieren und wurde wütend auf ihn. Warum heilte er mich nicht? Warum musste ich ein solch schweres Schicksal ertragen? Meine Klassenkameraden ließen im Laden heimlich Gummibärchentüten in ihre Hosentaschen gleiten und lästerten auf dem Schulhof über ihre eigenen Freunde. Und trotzdem ging es ihnen gut. Ich dagegen hatte keine Gummibärchen gestohlen, hielt den Mund, wenn andere lästerten – und mir ging es schlecht. Das hatte ich doch nicht verdient, oder? Wofür wurde ich von Gott so furchtbar bestraft?

Vor allem nachts geisterte diese Frage in meinem Kopf herum und zog mich in einen Strudel, der sich nur noch um das Warum drehte. Nie erhielt ich eine Antwort. Dass meine Fragen unbeantwortet blieben, ließ mich fast verzweifeln. Immer wieder fragte ich Gott: »Warum ich?« Da Gott es offensichtlich nicht nötig hatte, meine Fragen, geschweige denn meine Krankheit zu beachten, beantwortete ich mir diese Frage selbst, indem ich zu mir sagte: »Vielleicht musst du etwas daraus lernen.« Doch dann fragte ich mich weiter: »Aber warum in dieser Intensität?« Wieder erhielt ich keine Antwort. Aber keine Antwort war auch eine Antwort. Offensichtlich war Gott ein Gott, der nicht reagierte. Aus dem gütigen Gott meiner Kindheit war ein ungerechter und mitleidsloser Gott geworden – ein Richter, der auf einer Wolke sitzend selbstgefällig den Daumen senkte oder hob für »durchgefallen« oder »angenommen«. Und mich hatte er offenbar durchfallen lassen.

Ich hasste ihn. Und das sagte ich ihm auch. Ich erinnere mich an eine Nacht, als ich alleine zu Hause war, da die restliche Familie weggefahren war. Ich stand in meinem Zimmer, frustriert, aufgewühlt, die Hände zu Fäusten geballt, und schrie: »Gott, ich hasse dich, ich hasse dich abgrundtief! Wenn du jetzt hier unten wärst, würde ich dich beschimpfen und schlagen. Ich finde dich einfach nur lächerlich, du bist der große Gott da oben, der sich nie zeigt und sich nicht um die Menschen kümmert. Wenn es dich gibt, müsstest du auf die Erde kommen und dich bei mir entschuldigen für das, was du mir antust!«

Dieser hartherzige Gott konnte mir gestohlen bleiben.

Die mysteriöse Begegnung

> Einer der Männer, die dort lagen, war seit achtunddreißig Jahren krank. Als Jesus ihn sah und erfuhr, wie lange er schon krank war, fragte er ihn: »Willst du gesund werden?«
>
> *Johannesevangelium 5,5-6*

Die mys

Ich weiß noch genau, wie sie aussah: schlank und hübsch, ihr dickes, grau-blondes Haar fiel ihr über die Schultern. Sie trug einen dunkelblauen Badeanzug und stand bis zum Bauch im Wasser. Sie musste ungefähr sechzig oder fünfundsechzig Jahre alt sein.

Auch an ihre Worte erinnere ich mich genau. Sie veränderten mein Leben.

Ich war damals ungefähr zwölf. Es war ein schöner Sommertag, meine Familie verbrachte das Wochenende an einem abgeschiedenen Badesee, der im Gegensatz zu anderen Seen in Österreich nicht überlaufen war. Am Ufer gab es einen Campingplatz, umgeben von hohen Hecken. Die Gäste bildeten eine eingeschworene kleine Gemeinschaft, in der jeder jeden kannte, man sich mit Namen grüßte und fragte, wie es den Enkelkindern ging. Dreißig bis vierzig Wohnmobile standen damals dort. Da die Eltern meines Stiefvaters schon jahrelang am See campierten, kannten mich die Badegäste seit meiner Kindheit und wussten, wie ich aussah. Das verringerte die Gefahr, beim Baden wie ein Außerirdischer angestarrt zu werden. So glotzte mich niemand schockiert an, wenn ich mich auszog und meinen entstellten Körper zeigte. Meine Schwester und ich fuhren regelmäßig dorthin, sie jedoch häufiger als ich, da Schwimmen, wie schon erwähnt, nicht gerade zu meinen Lieblingsbeschäftigungen zählte.

Es war einer dieser ganz gewöhnlichen Aufenthalte am See. Ich hatte dort im Wohnmobil meiner Großeltern übernachtet und nach dem Frühstück ein wenig gelesen. Normalerweise fuhr ich mit meinem Großvater im Boot auf den See, aber heute wollte ich wieder einmal versuchen, wie andere Kinder ein normales Leben zu führen, und probierte aus, ob ich nicht doch schwimmen gehen konnte. Das Baden hatte ja trotz der körperlichen Strapazen auch eine gute Seite: Sobald die Schmerzen nachließen, linderte das Wasser sogar ein wenig den Schmerz.

Wenn man zum tiefer gelegenen Seeufer wollte, musste man vom Campingplatz am oberen Hang eine gewundene ältere Steintreppe hinuntersteigen, die sich durch Buschwerk zum Ufer hinunterschlängelte. Heute sind Bäume und Unterholz hochgewachsen und verbergen den Blick vom See auf die Treppe, doch zum damaligen Zeitpunkt war der Abhang nur spärlich begrünt und man konnte die Treppe vom Wasser aus sehr gut erkennen. Dort ging ich hinab.

Direkt am Ufer zwischen den Bäumen befand sich der Zugang zum See, einige Trittsteine führten ins flache, klare Wasser hinein. Still und friedlich schwappte es in der Nachmittagssonne, die sich an diesem strahlendblauen, wolkenlosen Tag im Wasser spiegelte. In einiger Entfernung sprangen Kinder jauchzend von einem Trampolin ins Wasser hinein, mein Cousin schlug dabei sogar einen Salto. Am Bootsanleger polterte es dumpf, als ein paar Kinder von einem vertäuten Boot aufs nächste hüpften. Meine Schwester schwamm im Wasser und rief einem anderen Kind etwas zu.

Unschlüssig stand ich am Ufer herum, tauchte erst die Zehen hinein, zog sie wieder heraus, atmete tief durch und setzte dann den Fuß ins Wasser. Die Fleischwunden an meinen Zehen fühlten sich an, als würde jemand Salz hineinreiben. Von oben brannte die Sonne auf meine Haut. Zentimeter für Zentimeter quälte ich mich weiter voran, ganz langsam einen Schritt vor den anderen setzend. Das Seeufer war sehr flach, man musste eine Weile in den See hineinwaten, bis man in tiefere Gefilde kam. Langsam arbeitete ich mich voran, bis ich bis zur Brust im Wasser stand, dabei rollten mir die Tränen die Wangen herunter und tropften in den See. Ich blieb stehen und blickte zu den anderen Kindern hinüber, die sich unter lautem Gejauchze gegenseitig nass spritzten. Weiter hinten ließen Windsurfer ihre Segel sinken, wechselten die Position und glitten in die andere Richtung davon. Und hier stand ich, weit entfernt von allen, und schaffte es nicht einmal bis ins tiefe Wasser. »Das wird sich nie ändern«, dachte ich, »du wirst nie wie die anderen sein.« Vor Wut weinte ich noch mehr. Ich erinnerte mich plötzlich daran, wie oft ich im Bett gelegen und zu Gott gebetet hatte: »Wenn es dich gibt, dann möchte ich gesund werden.« Doch nichts war geschehen. Da ich so weit entfernt von allen anderen war, ließ ich die Tränen einfach laufen. Es würde mich ja sowieso niemand beobachten. Ich begann zu schluchzen und sprach in Gedanken wieder mit Gott: »Ja, wenn es dich gibt, bist du der schlimmste Gott, den es gibt. Die Kinder da drüben lachen und ich bin hier im Wasser und weine und alles tut weh und ist schlimm. Warum stehe ich hier mit Schmerzen? Warum nur muss ausgerechnet ich so leiden, während es allen anderen gut geht? Was habe ich getan, dass ich das verdiene? Du bist ein grausamer Gott, wenn du das zulässt!«

Plötzlich spürte ich eine sanfte Wasserbewegung. Ich wandte mich um und merkte, dass ich nicht mehr alleine war. An meiner linken Seite stand eine ältere, fremde Dame. Ich hatte sie nicht kommen hören. Sie lächelte mich an und sagte: »Hallo Alexander, warum weinst du?« Die Frau hatte volles grau-blondes Haar, trug einen Badeanzug und stand bis zum Bauch im Wasser. Sie war ungefähr sechzig oder fünfundsechzig Jahre alt und musste wohl eine Freundin von meinen Großeltern sein, die mich von Fotos und Erzählungen kannte – woher hätte sie sonst meinen Namen wissen können. Ich antwortete ihr, dass ich Schmerzen hatte und völlig verzweifelt war, weil ich nicht gesund wurde, und dass ich nun deswegen mit Gott haderte. »Wenn es ihn gibt, ist er ein ungerechter Gott«, sagte ich und blickte ihr direkt in die Augen. Sie erwiderte meinen Blick, zögerte kurz und sagte dann mit fester Stimme: »Aber Alexander, Gott hat doch deine Gebete bereits erhört! Die Frage ist, ob du auch bereit bist, auf Gott zu vertrauen? Du möchtest gesund werden? Gott möchte das auch! Du sehnst dich nach Veränderung in deinem Leben? Gott wird dein Leben verändern. Gott ist bereit, wenn du auch bereit dafür bist, denn er hat deine Gebete bereits vor Jahren erhört!«

Wow, das waren sehr starke Worte von einer Frau, die ich überhaupt nicht kannte. Besonders berührte mich ihr fester Blick und der freundliche, aber bestimmte Ton, in dem sie gesprochen hatte. Ich schluckte. Ihre Worte hatten mich direkt ins Herz getroffen.

Ich wandte den Blick ab und starrte auf den See. Ich musste wieder daran denken, wie ich als kleiner Junge mit meiner Urgroßmutter jeden Abend Gott gebeten hatte, mich gesund zu machen. Doch sogleich standen mir die esoterischen Heiler vor Augen, die nichts bei mir bewirkt hatten. Wahrscheinlich war die Frau auch so eine von ihnen, und jetzt lief sie durch die Gegend und wollte mir irgendetwas von Heilung erzählen. Ich wollte wütend aufschreien und sie fragen: »Was meinen Sie damit, dass ich noch nicht bereit bin? Wie können Sie so etwas behaupten! Als wäre es meine eigene Schuld, dass ich noch nicht geheilt worden bin! Und das nach allem, was ich und meine Familie getan haben, damit ich diese furchtbare Krankheit loswerde!« Doch als ich mich ihr wieder zuwandte, um ihr meine Worte entgegenzuschleudern, blickte ich ins Leere. Sie hatte sich scheinbar in Luft aufgelöst – oder war vom Wasser verschluckt. Ich hatte mich doch nur zehn bis zwanzig Sekunden von ihr abgewandt. Wie konnte sie so schnell weg sein? Verwundert blickte ich mich um und suchte mit den Augen angestrengt das Ufer und den See ab – nichts. Wie hatte sie so schnell verschwinden können?

Das war ja unheimlich. Wie schon beschrieben, benötigte man eine Weile, um von der Stelle im See, wo ich stand, bis zur Treppe zu waten – und dann musste man noch die ganze Treppe am Hang hochsteigen. Ein gesunder Mensch brauchte dafür vielleicht sieben Minuten. Doch so lange hatte ich nicht innegehalten. Die anderen Uferabschnitte des Sees waren noch viel weiter entfernt. Ich sah sie aber weder gehend noch schwimmend noch auf der Treppe. Ich hatte auch keine Geräusche gehört, kein Plätschern im Wasser. Alles war still.

Schon damals war ich ein kritischer Mensch und begann eifrig nachzuforschen, wer diese Frau gewesen sein könnte. Außerdem wollte ich unbedingt das Gespräch mit ihr fortsetzen. Zwei Tage lang beschrieb ich die Dame jedem Gast am Campingplatz und fragte herum, ob sie jemand kannte. Da ich mir Gesichter sehr gut merken kann, konnte ich sie gut beschreiben. Ich klingelte sogar bei den Wirten der angrenzenden Gästehäuser und beschrieb die Frau. Doch alle schauten mich verwundert an. Niemand hatte sie gesehen. Woher nur hatte sie meinen Namen gewusst? Wer war sie? Keiner konnte mir diese Fragen beantworten und ich habe dieses Rätsel nie lösen können.

Ich habe später viele Vorträge gehört, die Stunden dauerten, aber was diese Frau mir in wenigen Sekunden mitteilte, bewegte mich mehr als eine Million Worte. Ich wälzte die Botschaft in Gedanken hin und her. Was hatte sie nur damit gemeint: Ich bin noch nicht bereit? Wie hatte ich es zu verstehen, dass meine Gebete schon längst erhört waren? Ich war doch immer noch krank! Gab es etwas in meiner inneren Haltung, das einer Heilung im Wege stand? Wenn ja, was? Und wie sollte ich das ändern?

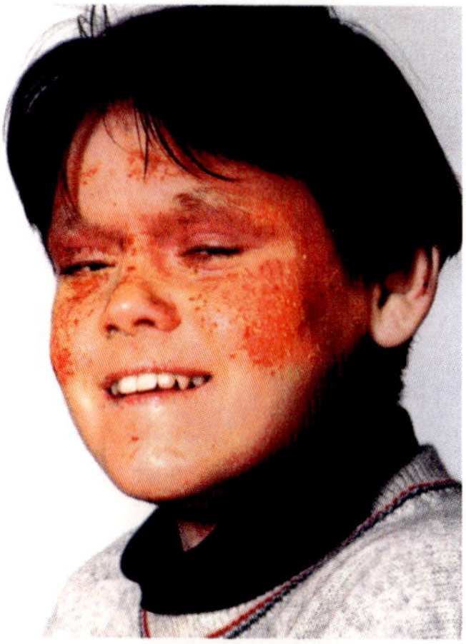

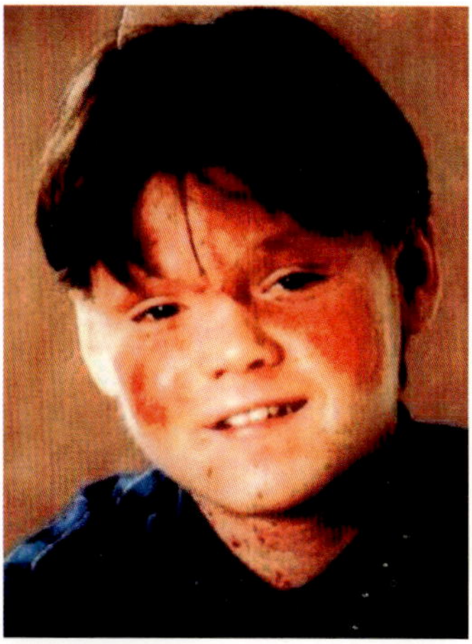

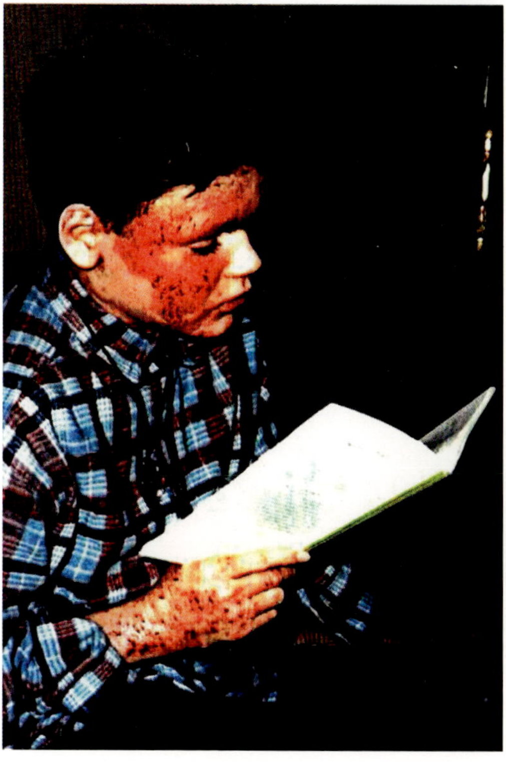

Jede Bewegung
war mit Schmerzen
verbunden, doch
manchmal erlebte
Alexander auch
schöne Momente.

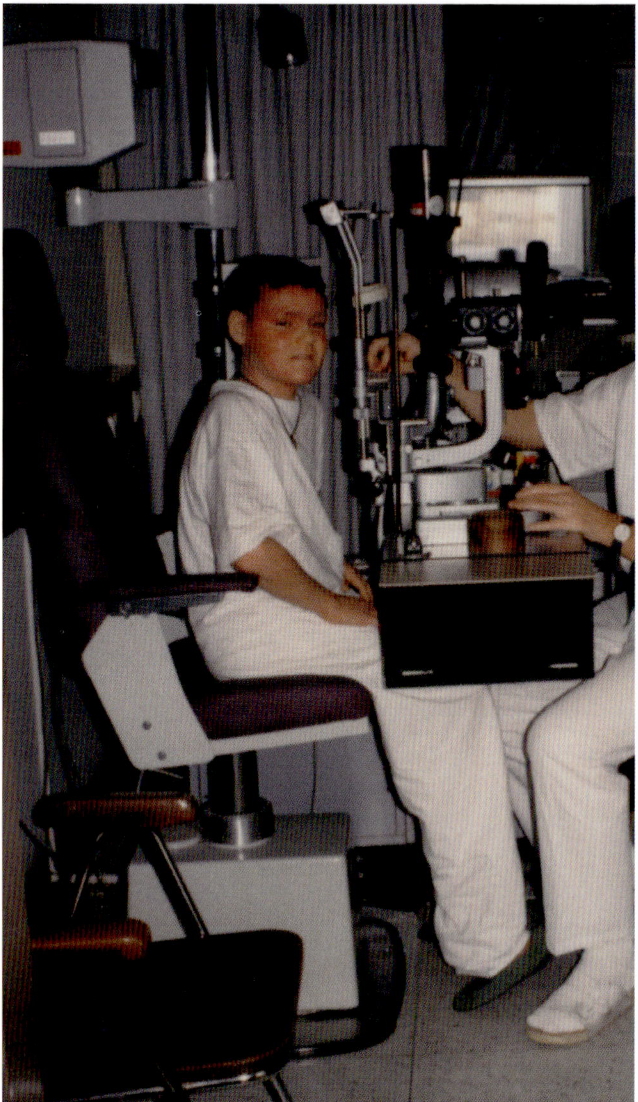

Eine Therapie folgt der nächsten. Gibt es Hoffnung?

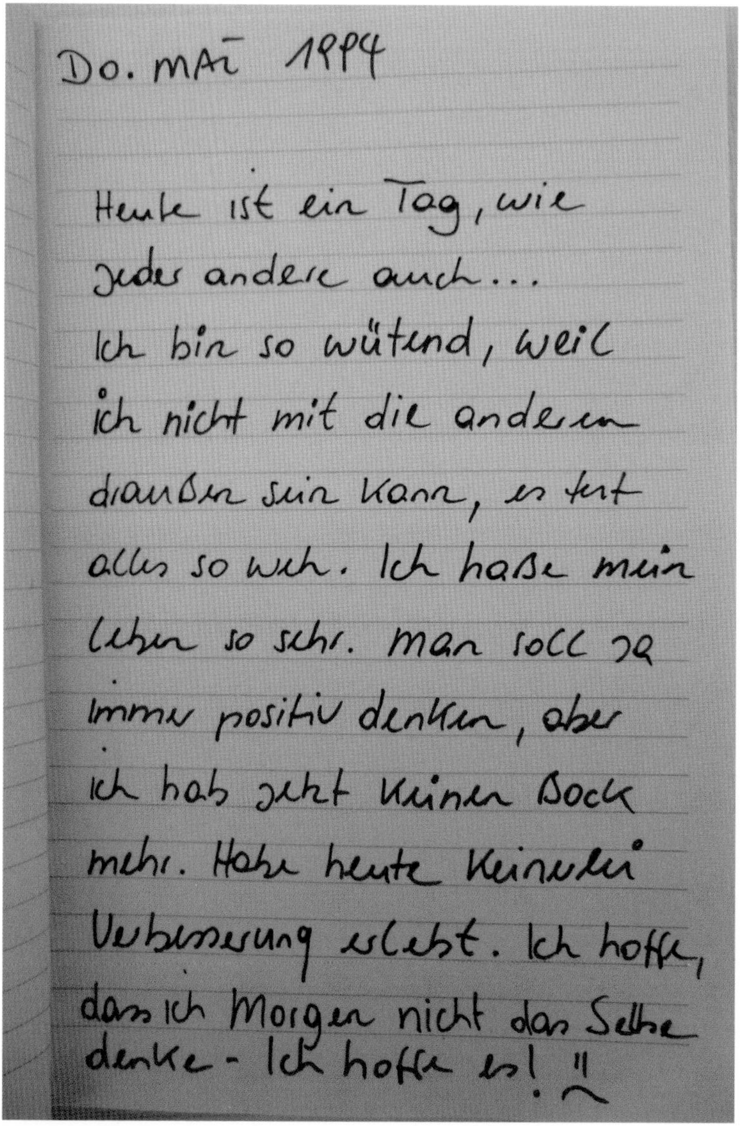
Do. MAI 1994

Heute ist ein Tag, wie
jeder andere auch...
Ich bin so wütend, weil
ich nicht mit die anderen
draußen sein kann, es tut
alles so weh. Ich haße mein
Leben so sehr. Man soll ja
immer positiv denken, aber
ich hab jetzt keinen Bock
mehr. Habe heute keinerlei
Verbesserung erlebt. Ich hoffe,
dass ich Morgen nicht das Selbe
denke - Ich hoffe es! :-(

Tagebuchauszug

Erinnerung an die Begegnung am See

Vom Mönchsberg wollte sich Alexander herunterstürzen.

Alexander mit seiner humorvollen Mutter.

Alexander hat mit seinem Vater und seiner Schwester immer etwas zu lachen.

Alexander mit seiner geliebten Frau Adrienne – die ihn mit vollem Engagement unterstützt und begleitet.

Alexander liebt Geselligkeit, mit Freunden und Familie.

Spaß und Blödeleien bereichern das Leben.

Alexander stets auf der Überholspur und mit Action durchs Leben

Alexander mit seinem Freund Günther in New York

Alexander mit seinem
Freund Günther

Alexander mit seinem Freund Andreas – eine lebenslange Freundschaft, die verbindet

Auch wenn das Leben von Alexander alles andere als ruhig verläuft, sucht er sich stets stille Zeiten in der Natur, wo er nachdenken und Kraft tanken kann.

Alexander ist als Redner viel unterwegs.

Alexander beim Interview im Fernsehstudio

Alexander, der Unternehmer

Sein Glaube trägt
Alexander, und er blickt
positiv in die Zukunft.

Erster Selbstmordversuch

> Ich gebe auf, ich will nicht noch länger so weiterleben müssen. Lass mich in Ruhe, denn von meinem Leben ist nicht mehr viel übrig.
>
> *Hiob 7,16*

Erster Se

Obwohl mich die Begegnung am See so beeindruckt hatte, änderte sich zunächst nichts. Mein Leben ging weiter: Ich ging zum Arzt, bekam Nachhilfe, schlief nachmittags, cremte mich stundenlang ein, flüchtete mich in die Welt meiner Bücher. Mit den Monaten überschattete der dunkle Alltag die Erinnerung an das Gespräch am See.

Mit jedem Lebensjahr wurde der Albtraum schlimmer. Meine gesamte Kindheit war bereits vertan, meine Zukunft war aussichtslos, Hoffnung auf Heilung gab es nicht, mein Optimismus war verbraucht. Ich fühlte mich, als hätte ich Drogen genommen und hinge nun in einer Endlosschleife in einem Horrortrip. Ich musste aussteigen, den Trip beenden. Da dieser Trip aber kein Drogenerlebnis, sondern das Leben selbst war, was blieb mir da noch übrig? Komm, süßer Tod! Umarme mich und erlöse mich von der Qual meines Lebens! So dachte ich – der Tod konnte unmöglich schlimmer sein als das, was ich jeden Tag durchleiden musste.

Ein Bekannter aus meinem Wohnort, zu dem ich öfter zum Computerspielen ging, war schwer übergewichtig und nahm Medikamente gegen Herzrhythmus- und Schlafstörungen. In seinem Nachtschrank fanden sich viele bunte Dosen und Packungen Tabletten. Da es für mich nicht so leicht war, an Medikamente zu kommen, schlich ich mich bei einem meiner Besuche in sein Schlafzimmer und stopfte schnell ein Briefchen Schlaftabletten in meine Sweatshirt-Jacke.

Es war spät am Abend. Meinen Eltern hatte ich so beiläufig wie möglich Gute Nacht gewünscht, damit sie keinen Verdacht schöpften. Nun saß ich vor den Tabletten, die ich auf meinem Schreibtisch ausgebreitet hatte, und betrachtete sie mit beklommenem Herzen. Düstere, dunkle Gedanken schwirrten mir durch den Kopf – sie flüsterten mir ein, dass alles keinen Sinn mehr machte, dass mir nur noch der Tod einen Ausweg bot. War ich stark genug dafür, mich selbst auszulöschen? War ich entschlossen genug, die Tat zu vollenden? Angst vor dem Tod hatte ich nicht – ich konnte mir nicht vorstellen, dass der Tod schlimmer sein könnte als mein gegenwärtiger Zustand. Gott jedoch fürchtete ich. In einem Hollywoodfilm hatte es geheißen, dass Selbstmord eine Todsünde sei. Nur Gott stünde es zu, ein Leben zu beenden. Aus Gesprächen mit Psychologen wusste ich außerdem, dass sie Selbstmord als Flucht vor dem Leben ansahen. Ich wollte nicht als feige gelten.

Doch dann musste ich mich wieder kratzen. Jucken, brennen, beißen, kratzen, schlagen, die Endlosschleife meines Lebens. Ich wollte nicht mehr. Ich atmete tief durch, raffte meine ganze verbliebene Willenskraft auf, griff nach den Schlaftabletten und warf mir drei oder vier davon in den Mund. Mühsam würgte ich sie hinunter, das Schlucken tat weh. Ich hatte noch Zeit, vom Stuhl aufzustehen und mich aufs Bett zu legen, dann wurden meine Arme und Beine immer schwerer, mein Kopf war auf Watte gebettet und ich wusste, ich würde nun in eine andere Welt gleiten. Willenlos übergab ich mich der süßen Müdigkeit, die mich einhüllte.

Um mich herum war sanftes Licht, über mir zeichneten sich kleine Pünktchen ab, die ihre feinen Schatten auf weißen Grund warfen. Eine Weile ruhte mein Blick auf dem unregelmäßigen Weiß, dann dämmerte es mir: Es war Morgen und ich starrte meine eigene Zimmerdecke an. Das durfte nicht wahr sein! Ich hatte zu wenige Tabletten genommen. »Du Versager, nicht einmal umbringen kannst du dich!«, war mein erster Gedanke. Doch mit der Ernüchterung kam auch die Scham. Ich hatte versucht, vor dem Leben davonzulaufen. War ich vielleicht doch ein Feigling? Das war kein sehr schmeichelhaftes Selbstbild.

Ich legte mir die Hand über die Augen, damit ich meine Zimmerdecke nicht mehr anstarren musste. Hier lag ich also auf meinem Bett – krank, aber dennoch lebendig. Die widerstreitenden Gefühle, der aufreibende innere Kampf vom Abend vorher waren umsonst gewesen. So etwas nannte man wohl Schicksal. Es hatte andere Pläne für mich gehabt. Oder vielleicht war es ja sogar Gott gewesen, der eingegriffen hatte? War es ein Fingerzeig gewesen, dass ich nicht Herr über Leben und Tod spielen sollte?

Ich benötigte ein paar Tage, um das Gedankenchaos zu verarbeiten. Ich ließ mich vom Unterricht entschuldigen, lag im Bett und sprach mit niemandem. Mit offenen Augen lag ich auf der Seite, starrte ins Nichts. Dann drehte ich mich auf den Rücken und betrachtete die Zimmerdecke. Pünktchen und Schatten. Ich spürte, wie ich atmete. Ich war lebendig. Vielleicht war es sogar gut so. Es musste irgendeinen Sinn gehabt haben, dass mein Selbstmordversuch missglückt war.

Ich schlug die Decke zurück. Ich würde mich erneut dem Leben stellen. Ich würde versuchen, mit meiner Situation fertig zu werden. »Komm, gib Gas, du schaffst es!«, sagte ich zu mir selbst, während ich aufstand.

Keine Perspektive

> Worauf soll ich denn noch hoffen? Wer sieht noch eine Hoffnung für mich?
>
> *Hiob 17,15*

Keine Pe

Mein Berufswunsch war Krankenpfleger. Das hatte wahrscheinlich mit einem Helfersyndrom zu tun. Wenn man selber am Boden liegt und sich selbst nicht helfen kann, möchte man stellvertretend zumindest anderen Menschen helfen. Um für die Krankenpflegerausbildung gute Voraussetzungen mitzubringen, wechselte ich in der neunten Klasse auf eine sozialberufliche Privatschule. Die neunte Klasse absolvierte ich, doch in der zehnten Klasse wurde es für mich schwieriger. In EDV und Maschineschreiben kam ich nicht zurecht. Meine Fingerkuppen waren verkrustet, konnten jederzeit aufplatzen, bluten und nässen. Was, wenn nun Eiter oder Wundflüssigkeit auf die Tastatur spritzen würde? Das wäre wirklich peinlich! Ganz langsam drückte ich eine Taste herab, sah sie mir danach genau an und wischte vorsorglich mit meinem Ärmel darüber. Schnell blickte ich mich um. Niemand hatte mich beobachtet. In diesem Tempo machte ich weiter und kam natürlich viel zu langsam voran.

Nie wurde ich rechtzeitig mit einer Aufgabe fertig, vielleicht entwickelte ich auch nicht genügend Ehrgeiz, da ich ein schwaches Selbstwertgefühl hatte. Meine Lehrerin hielt mich auf jeden Fall für faul. In den vorherigen Schuljahren war ich mit den Lehrern ganz gut zurechtgekommen, doch mit ihr klappte es nicht. Sie war immer schick angezogen, achtete sehr auf ihr Äußeres und da saß ich direkt vor ihr, entstellt am ganzen Körper, eine Beleidigung fürs Auge. Vor der ganzen Klasse stellte sie mich bloß und alle starrten sie geschockt an. Ich fühlte mich wie geohrfeigt und wäre am liebsten im Boden versunken. Den Rest der Schulstunde hielt ich den Blick gesenkt und rannte, sobald es klingelte, aus dem Klassenzimmer.

Jahrelang sollten mich diese Worte verfolgen.

Eine Zeit lang versuchte ich zu beweisen, dass die Lehrerin unrecht hatte. Ich würde ihr schon zeigen, dass aus mir etwas werden würde, dachte ich. Außerdem musste ich die zehnte Klasse abschließen, um zur Krankenpfleger-Ausbildung zugelassen zu werden. Aber sosehr ich auch versuchte, meine Scham abzulegen und meine Finger flinker zu bewegen – meine Hand blieb steif wie die eines alten, gichtkranken Mannes. Außerdem konnte ich mich immer weniger konzentrieren. In EDV und Maschineschreiben kassierte ich eine schlechte Note nach der anderen. Die zehnte Klasse bestand ich daher nicht und ging mit dem Zeugnis der neunten Schulstufe ab. Der Traum von einer Ausbildung zum Krankenpfleger war geplatzt. Wie alle meine Träume.

Ein wenig Ablenkung von meinen alltäglichen Problemen fand ich nur in meinem Freundeskreis.

Mein Freund Günther erinnert sich:

Als Jugendlicher kam ich mit Alexander näher in Kontakt. Das war in Fürstenbrunn, wo wir aufgewachsen sind. Wir waren Teil derselben Clique: Dazu gehörten ungefähr zwanzig, dreißig Personen, wenn alle zusammenkamen. Wir trafen uns vor allem freitagabends, bevor wir in die Discos zogen. Da bin ich mit ihm näher ins Gespräch gekommen und habe festgestellt, dass er ein lässiger Typ ist, eigentlich ganz okay und sogar lustig. Ich habe gerne Zeit mit ihm verbracht. Mir imponierte, wie er trotz seiner furchtbaren Lage versuchte, Freude am Leben zu finden. Natürlich merkte man, dass es nur oberflächlich war, Schmerzbegrenzung sozusagen, trotzdem beeindruckte mich diese Haltung. Er versuchte, sich nicht immer zu Hause zu vergraben, sondern mit uns im Freien zu sein und Spaß zu haben. Ich glaube, das Zusammensein mit uns gehörte zu den Höhepunkten seiner Jugend, alles andere schien ja nur schwierig gewesen zu sein. Bei uns gab es keine Therapien, keinen Stress, er entspannte sich.

Teilweise ging er total offensiv mit seiner Krankheit um. Er muss vierzehn oder fünfzehn Jahre alt gewesen sein, als er die Menschen direkt mit seinem Aussehen konfrontierte. Er war einfach immer eine extrem starke Persönlichkeit. Es war lustig für uns, mit ihm Bus zu fahren. Demonstrativ stieg er mit kurzen Hosen und T-Shirt ein. Er sah wirklich übel aus mit seinen verkrusteten Wunden an Armen, Beinen und im Gesicht. Als wenn er Verbrennungen hätte. Dann setzte er sich auf eine voll besetzte Viererbank und machte es sich richtig schön bequem. Die Leute reagierten entsetzt, man konnte ihnen förmlich ansehen, wie sie dachten: »Igitt, was ist das jetzt?« Und als die Menschen ihn anstarrten, sagte er ihnen tatsächlich direkt ins Gesicht: »Was schaust du so blöd? Was gibt's zu schauen? Hast du eine Frage an mich? Willst du etwas wissen?« Es war faszinierend für uns, dabei zuzusehen.

Aber aufgrund seiner gesundheitlichen Schwierigkeiten war er niemand, der im Mittelpunkt stehen konnte, er war einfach nur mit dabei. Wir hingen nachmittags in der Gruppe gemeinsam ab und er hatte immer mal einen lockeren Spruch drauf. Für mich wurde er zu einer Vertrauensperson. Ich spürte, dass er durch seine schweren Erfahrungen eine innere Ruhe hatte. Er versuchte wirklich, das Leben zu genießen. Ich fand, er war ein cooler Typ. Gleichzeitig wirkte er wie jemand, der sich im »Klub der Todgeweihten« befindet, ich glaube nicht, dass er irgendwelche Zukunftsträume hatte.

Bestimmte Dinge konnte er natürlich auch kaum mitmachen: auf Partys gehen, Mädchen kennenlernen. In unserer Clique gab es zwei Gruppen von Mädchen: Die einen hatten Verständnis für ihn und versuchten, ihn gut und freundlich zu behandeln, die anderen verabscheuten ihn. Sie sagten: »Dem gebe ich noch nicht einmal die Hand, ich gehe noch nicht einmal hin zu ihm, igitt, der soll verschwinden.«

Bei den Mädchen hatte ich natürlich keine Chance. Ich war Teil einer coolen Clique, umgeben von strahlenden Jungen und hübschen Mädchen. Aber von einer Liebesbeziehung konnte ich nur träumen. Wenn ein Mädchen nett zu mir war, wusste ich, dass sie sich nur aus Mitleid mit mir abgab. Einmal umarmte mich eine Mitschülerin auf dem Pausenhof und sagte: »Aus dir wird sicher noch ein fescher Bursche.« Das munterte mich auf, aber es konnte nicht über die Tatsache hinwegtäuschen, dass ich nicht zu den Jungen gehörte, die Mädchen schlaflose Nächte bereiteten.

Manchmal verliebte ich mich auch, merkte, wie mein Herz schneller schlug, wenn ich das Mädchen sah. Doch ich konnte nichts tun, außer hin und wieder zu ihr hinüberzuschauen und vielleicht sogar ihren Blick aufzufangen. Doch dann musste ich dabei zusehen, wie sie mit einem der gut aussehenden Jungs lachte und zuließ, dass er locker seinen Arm auf ihre Schulter legte. Ich stand auf und ging weg, denn ich wusste, ich würde nie meinen Arm um ein Mädchen legen können.

Eine Ausnahme gab es jedoch. Eine Klassenkameradin in der Hauptschule war ein wenig in mich verliebt – zumindest vorübergehend. Wir gingen eine kurze Beziehung miteinander ein und ich konnte vor Verliebtheit nichts essen. Nach ungefähr einer Woche nahm sie mich auf dem Pausenhof beiseite. Sie hatte ihre Meinung geändert. Sie hielt das ständige Gekratze nicht mehr aus. Das konnte ich sogar verstehen – an ihrer Stelle wäre das für mich auch ein Problem gewesen. Trotzdem war es ein richtig harter Schlag für mich. Ich nahm mir vor, mich nie mehr zu verlieben. Enttäuschungen gab es schon genug in meinem Leben, da brauchte ich nicht noch ein zweites Schlachtfeld. Ich würde niemandem mehr erlauben, mich zu verletzen. Aber wahrscheinlich würde mir diese Entscheidung sowieso erspart bleiben, weil mich sowieso kein Mädchen fragen würde, ob ich ihr Freund sein wollte.

Um beruflich ein Bein auf den Boden zu bekommen, schrieb ich fast hundert Bewerbungen. Und erhielt ebenso viele Absagen. Wenn mich die Leute erblickten, konnte ich schon an ihren Gesichtern ablesen, dass sie mich nicht nehmen würden. Beim Vorstellungsgespräch sagten sie: »Ich verstehe Ihre Lage und es tut mir leid für Sie. Aber bitte haben Sie Verständnis dafür, dass ich keinen kranken Menschen einstellen kann.« Sie stellten mich danach höflich, aber direkt wieder vor die Tür. Das war eine harte Zeit für mich und ich musste gegen diese andauernden Rückschläge psychisch ganz schön ankämpfen. Ich dachte mir: »Du kriegst wirklich einfach nichts auf die Reihe, weder gesundheitlich noch beruflich.«

Zweiter Selbstmordversuch

> Innerlich aufgewühlt, wurde ich immer verzweifelter.
>
> *Psalm 39,4*

Zweiter S

Wieder sah ich keinen Sinn im Leben, bemitleidete mich, hatte schlechte Schulnoten bekommen und meine Eltern waren enttäuscht von mir. Wieder einmal schien nichts zu laufen und ich wollte sterben. Die Wucht der Schmerzen, innerlich und äußerlich, war schlimmer als meine Angst vor Selbstmord. Ich verabschiedete mich sogar eines Abends von meiner Clique.

Günther erinnert sich:

Dass Alexander suizidgefährdet war, habe ich damals leider nur am Rande mitbekommen. Wir haben als Jugendliche Fußball gespielt, viel gefeiert, geflirtet, Party gemacht. Für Alexander muss dies schlimm gewesen sein, als würde man einem Hungrigen ein Sandwich vor die Nase halten und er weiß: Ich werde davon nie essen können.

Es muss in den Sommerferien oder an einem Wochenende gewesen sein. Wir trafen uns bereits am Nachmittag und blieben bis zum Abend zusammen, wir waren ungefähr zehn oder fünfzehn Leute. Gerüchte machten die Runde, dass Alexander etwas vorhat. Dann sagte er abends zu uns, dass er wirklich mit dem Leben abgeschlossen habe. Er möchte sich verabschieden und mit uns zusammen seinen letzten Abend feiern. Er sagte, er hätte einen irrsinnigen Cocktail, viele Tabletten, »viele, viele bunte Smarties«, wie er sie abschätzig nannte, mit denen er sich das Leben nehmen wollte. Dann nahm er seine Medikamente für diesen Abend nicht mehr ein und bestellte sich stattdessen Wein und Cola. Das durfte er laut ärztlichem Rat auf gar keinen Fall trinken, aber das war ihm in diesem Moment vollkommen egal. Ein paar Mädchen weinten: »Alex, tu es nicht, das bringt's doch nicht.« Aber er ließ sich nicht beirren: »Das interessiert mich alles nicht mehr. Ich habe einfach keine Lust mehr, so weiterzuleben.« Wir Jungs haben natürlich ebenfalls versucht, es ihm auszureden. Aber das war schwierig. Was sollten wir ihm sagen? Wenn jemand Liebeskummer hat, kann man ihm sagen: »Kopf hoch, andere Mütter haben auch schöne Töchter.« Aber was sollte man Alexander sagen?

Das wird schon wieder? In seinem Zustand? Er war damals zeitweise bettlägerig und nahm vielleicht vierzig Tabletten am Tag. Ganz ehrlich, wenn ich in seiner Lage gewesen wäre, hätte ich mich auch umgebracht. Wir redeten auf ihn ein, aber er konnte beständig kontern. Es war wirklich schwer, ihm noch eine positive Perspektive zu vermitteln.

Als er zwei Gläser Wein getrunken hatte, war er völlig fertig, es haute ihn regelrecht um und er fiel in Ohnmacht. Er war ja auch überhaupt keinen Alkohol gewohnt, in seinem körperlichen Zustand vertrug er das nicht. Wir schleppten ihn bewusstlos nach Hause und erzählten seinen Eltern von seinen Selbstmordabsichten. Das nahmen sie ernst, doch es war ihnen anzumerken, dass sie das nicht zum ersten Mal hörten.

Ungefähr eine Woche später startete ich einen weiteren Suizidversuch, erneut mit Schlaftabletten. Ich fühlte mich den ganzen Tag schon benebelt – wegen der Schmerzen, dem Schlafmangel und den Medikamenten. Ich saß im Bus, es war ein heißer Sommertag, das Thermometer zeigte dreißig Grad an, der Schweiß rann mir auf der Haut herunter und brannte in meinen Wunden. Vielleicht war dies im wahrsten Sinne des Wortes »der Tropfen, der das Fass zum Überlaufen brachte«. Ohne weiter nachzudenken, öffnete ich während der Fahrt das Döschen, schüttete ein paar Tabletten in meine Hand und warf sie mir in den Mund. Mit einem Schluck Mineralwasser spülte ich sie in den Magen. Keiner der Mitfahrer hatte etwas bemerkt.

Ich stieg aus dem Bus und wankte ziellos durch die Salzburger Innenstadt. Langsam setzte die Wirkung der Tabletten ein, ich wurde immer müder und verwirrter. Die Hitze drückte wie ein schweres Brett auf meinen Kopf. Mir wurde schlecht. Auf der Staatsbrücke, einer der zentralen Brücken der Stadt, die über die Salzach führen, verschwamm mein Blick, dann knickten meine Beine ein und ich spürte, wie mein Kopf schmerzlos auf dem Boden aufschlug. Offensichtlich waren ein paar Passanten stehen geblieben und beugten sich nun über mich, wie von weit her hörte ich Gesprächsfetzen. »Was hat denn der?«, fragten sie, wobei sie wahrscheinlich mein Äußeres meinten. Jemand sagte: »Ich weiß nicht, gehen Sie weg, das ist vielleicht ansteckend.« Ein älterer Herr klatschte mir ins Gesicht und legte mir ein Taschentuch auf. In diesem Moment dachte ich mir: »Da bemerkt endlich jemand, wie arm und krank ich bin.« Der Mann fragte, wo ich wohnte, und ich bat ihn benommen, meinen Vater anzurufen, aber ich glaube nicht, dass ich noch in der Lage war, einen Namen oder eine Telefonnummer zu nennen. In der Nähe, auf dem Ferdinand-Hanusch-Platz, standen Rettungswagen. Irgendwie schaffte es der Mann, mich dorthin zu schleppen, und die Sanitäter fragten mich, was ich getan hätte. Während sich alles um mich drehte, murmelte ich mit letzter Kraft, dass ich Tabletten genommen hatte, dann spürte ich, wie ich auf eine Liege gehievt wurde. Ich nahm noch verschwommen wahr, dass Türen zugeschlagen wurden und der ältere Mann neben mir Platz nahm, dann tauchte alles um mich herum in Dunkelheit.

Erst im Wartebereich des Krankenhauses erwachte ich wieder. Nachdem man mir etwas zu trinken gegeben hatte, kam ich langsam wieder zu Kräften und konnte klarer denken. Ich war im Krankenhaus. Ich lebte. Ich fühlte nichts. Mir war alles gleichgültig. Ich schloss die Augen und lehnte meinen Kopf an die kalte Wand hinter mir. Der ältere Herr sprach mich an, ich reagierte nicht, hielt die Augen geschlossen und gab vor, ihn nicht zu hören. »Wie ist dein Name? Wir müssen dich hier anmelden. Und natürlich deine Eltern anrufen«, hörte ich ihn sagen.

O nein, nicht meine Eltern. Ich wollte sie jetzt nicht sehen. Es war demütigend, mit dem Krankenwagen ins Spital eingeliefert worden zu sein. Und das alles für nichts und wieder nichts. Mir ging es nicht besser und nicht schlechter als vorher. Wie tief konnte ich noch sinken?

Ich schlug die Augen auf. »Es geht mir gut«, sagte ich. »Bitte rufen Sie meine Eltern nicht an. Das wäre nicht gut für sie.« Noch bevor mein Name im Computersystem des Krankenhauses registriert war, hatte ich die Sanitäter und meinen Begleiter dazu überredet, meiner Familie nichts zu erzählen. Schließlich erhob ich mich, bedankte mich leise und machte mich auf den Heimweg.

Zu Hause verlor ich kein Wort darüber.

Meine Gefühle nach diesem zweiten gescheiterten Selbstmordversuch waren schlimmer als beim ersten Mal. Wieder hatte ich den Gedanken: »Du bist ein echter Versager. Du kriegst nichts auf die Reihe, noch nicht einmal das.« Besonders peinlich war mir im Nachhinein, dass ich in aller Öffentlichkeit einen solch auffälligen Auftritt hingelegt hatte. Darauf war ich alles andere als stolz.

Lehrzeit

Ja, das ist schlimm: Wie der Mensch in die Welt gekommen ist, so verlässt er sie auch wieder. Was bringt es ihm am Ende, dass er sich um Wind gemüht hat?

Prediger 5,15

Lehrzeit

Ich war überglücklich, als ich mit fünfzehn Jahren trotz meiner Krankheit bei einer Gärtnerei eine Lehre beginnen durfte. Der Geschäftsführer fand mich sehr sympathisch und wollte mir eine Chance geben. Er war ein humorvoller, positiver und strahlender Mensch. Oft sagte er zu mir: »Morgen Xanderl, auf geht's! Bist du motiviert? Hast du Kraft? Hast du Power? Zeigen wir's heute allen? Wir schaffen das gemeinsam!« Ich kam mir vor, als hätte ich im Lotto gewonnen. Ich hatte nicht nur eine Lehrstelle, sondern auch noch einen Chef, der mir tatsächlich etwas zutraute. Meine Zukunft sah dadurch gleich viel rosiger aus. Auch meine beiden Kolleginnen waren sehr verständnisvoll. Sie berücksichtigten, dass ich nicht so schnell arbeiten konnte wie sie. Wenn meine offenen Verletzungen zu schlimm wurden, nahm mir meine Kollegin die schmutzigen Arbeiten ab. Ich brauchte dann nur die Töpfe zum Bepflanzen hinstellen, während sie sie mit Erde befüllte.

Mein Freund Andreas erinnert sich:

Als ich Alexander kennenlernte, war ich ungefähr vierzehn oder fünfzehn Jahre alt und er wahrscheinlich sechzehn. Ich stieß in Fürstenbrunn zu der Clique, zu der auch er gehörte. Ich weiß gar nicht, welchen Eindruck er auf den ersten Blick auf mich machte, wahrscheinlich erschrak ich, denn er sah schlimm aus, als hätte er einen Motorradunfall gehabt. Auf den Wangenknochen hatte er markante offene Stellen und Krusten, ebenso auf der Stirn und auf den Händen. Aber sein Äußeres wurde für mich ganz schnell zweitrangig, denn ich lernte ihn kennen und mochte ihn sehr gerne, von Anfang an war gleich eine sehr starke Bindung zu ihm da. Mir imponierte sein Lebensmut, trotz seines Äußeren versuchte er mit einem Lachen durch die Welt zu gehen. Besonders einprägsam ist mir in Erinnerung geblieben, wie er sich mit flachen Händen auf sein Gesicht klopfte. Ich nehme an, er durfte sich nicht kratzen. Das war eine typische Handbewegung von ihm.

Er war als Typ einfach lebensfroh, offen und unternehmungslustig, er ging auf die Menschen zu. Er wollte sich nicht mit seiner Krankheit abfinden, sondern das Beste aus sich machen. Außerdem war er auch immer sehr modern und schick gekleidet, das wurde nur leider von seiner Krankheit überdeckt. Wenn es ihm schlecht ging, sonderte er sich von der Gruppe ab und setzte sich in eine Ecke. Ich bekam mit, dass er sonst im Alltag sehr müde war und viel schlief. Aber wenn er bei uns war, wollte er nicht nach Hause gehen, sondern blieb immer bis zuletzt.

Morgens bei der Lehre versuchte ich meine Müdigkeit zu verbergen, denn ich wollte einen guten Eindruck machen. Wenn ich gähnen musste, drehte ich mich weg, damit es niemand sah.

Das Bücken, Graben und Heben fiel mir schwer, da meine vielen Narben spannten und ich steif und ungelenk geworden war. Wie eine hölzerne Puppe stakste ich über den Hof der Gärtnerei. Mit der Zeit gewöhnte ich mir eine ganz eigene Bewegungsweise an und sah von Weitem aus wie ein Roboter. Vor Schmerzen wurde ich manchmal fast bewusstlos.

Das passte natürlich überhaupt nicht zu meiner Tätigkeit. Bei großer Hitze oder klirrender Kälte in Gärten und auf Friedhöfen zu arbeiten, war kaum noch möglich. Im Gewächshaus war ich schweißgebadet, meine Wunden brannten. Erschöpft schleppte ich mich durch meine Aufgaben. Wenn mich mein Chef auf Außentermine mitnahm, bekam er mit, dass meine Leistungsfähigkeit nachließ. Wieder geriet ich unter Druck und machte mir Sorgen, ob ich die Lehre bewältigen würde. Mein Chef war zwar sehr sozial eingestellt und gab mir in der ersten Zeit bewusst leichte Aufgaben, doch irgendwann stellte auch er fest, dass dies keine Lösung auf Dauer sein konnte.

Im dritten Lehrjahr plagte mich die Neurodermitis dermaßen, dass ich kaum noch aufhören konnte zu kratzen. Regelmäßig musste ich tagsüber auf die Toilette und cremte mich ausgiebig ein, das konnte bis zu einer halben Stunde dauern. Wenn wir ein Grab bepflanzten und ich mich auf der Friedhofstoilette eincremte, fehlte ich natürlich meinen Kollegen bei der Arbeit und sie kehrten wegen mir zu spät zur Gärtnerei zurück. Meinen Chef enttäuschte das, er runzelte die Stirn und sagte: »Alexander, du musst einfach mehr Leistung bringen. Ich kann nicht ständig auf dich Rücksicht nehmen.« Auch in anderer Hinsicht versagte ich. Durch die Übermüdung war ich unkonzentriert: Ich vergaß Bestellungen weiterzureichen, die Kunden an der Kasse für Beerdigungskränze oder Hochzeitsgeschenke aufgaben. Das war natürlich peinlich für meinen Chef und schadete dem Unternehmen. Obendrein warnte mich mein Arzt davor, mit offenen Wunden in der Erde zu graben. »Deine Wunden sind schlimm entzündet und ganz eitrig. Man sieht sogar die Erde darin kleben. Der Gärtnerberuf ist sehr gefährlich in deinem Zustand, du könntest dir eine Blutvergiftung zuziehen.«

Zu allem Überfluss entwickelte sich in meiner Jugend auch noch grauer Star, eine Trübung der Augenlinse: Mit der Zeit wurde alles um mich herum vom Nebel verschluckt. Wenn mich jemand an der Bushaltestelle mit einem Winken begrüßte, erkannte ich es nicht. Heute glaube ich, dass ich mich selbst und die Welt einfach nicht mehr sehen wollte, wer bekommt sonst in so jungen Jahren grauer Star? Als mir klar wurde, dass mit meinen Augen etwas nicht stimmte, bekam ich Panik. Würde ich jetzt auch noch blind werden? Erst Neurodermitis und dann Erblindung? Ich flippte fast aus vor Angst. Außerdem würde ich nun auch keinen Führerschein machen können, und darauf hatte ich mich so gefreut! Der Arzt teilte mir aber zu meiner Erleichterung mit, dass das Problem behoben werden könne. Nachdem ich an beiden Augen mit Laser operiert worden war, konnte ich wieder sehen. Ich war zwar überglücklich, dass ich nicht blind war – aber krank war ich immer noch.

Meine Mutter erinnert sich:

Alexander wurde immer gereizter, er konnte nachts nicht schlafen und wollte tagsüber immer seine Ruhe. Also sollte sich die ganze Familie danach richten, aber das ging nicht. Auch wir hatten ein Leben, gingen die Treppe auf und ab, oder seine Schwester wollte im Nebenzimmer Flöte üben. Das war zu viel für ihn. Er schrie aus seinem Zimmer, dass er das nicht aushält.

Wenn ich ihn am Wochenende um elf oder zwölf Uhr weckte, konnte es vorkommen, dass er beim Frühstück so schlechte Laune hatte, dass es uns die ganze Stimmung vermieste. Da hätte ich ihn dann doch besser schlafen lassen. Mein Mann und ich haben oft wegen ihm gestritten. Wir machten deswegen eine Therapie und die Therapeuten sagten uns, dass wir uns als Familie nicht von der Krankheit beherrschen lassen dürften. Die Situation zu Hause war sehr schwierig für uns alle.

Im Krankenhaus

Er möge sein Gesicht in den Staub legen – vielleicht besteht dann noch Hoffnung für ihn.

Klagelieder 3,29

Im Kran

Ich war siebzehn Jahre alt. Es war einer dieser Tage, an denen alles in mir finster war. Völlig außerstande, in meinem desolaten Zustand in die Berufsschule zu gehen, klingelte ich bei meiner Großmutter an der Tür. Ich fragte sie, ob ich bei ihr auf der Couch schlafen dürfe, da ich wieder einmal völlig übermüdet war und einfach nur Ruhe suchte. Sie sah mich seltsam an und fragte: »Was ist los mit dir, Alexander? Hast du in der Nacht nicht geschlafen?«

»Ach, du weißt doch, wie das bei mir ist«, antwortete ich ungeduldig, »es hat mich überall gebissen und gejuckt, da hab ich nicht schlafen können. Ich mag einfach nimmer, ich verstehe das alles nicht, ich bin einfach nur noch fertig.«

Meine Oma wurde stutzig. Offenbar wirkte ich körperlich um einiges heruntergekommener als sonst.

»Alexander, zieh mal dein Leiberl aus«, bat sie mich schließlich.

Mein Anblick schockierte sie. Mein ganzer Körper war von Narben und Wunden bedeckt, als wäre ich ausgepeitscht worden. Besonders schlimm hatte es meine Beine und Füße erwischt. Eine schwarze, faulig riechende Flüssigkeit lief mir aus offenen Stellen heraus, ich hatte sie mit Verbänden aus der Apotheke umwickelt, aber nun waren sie völlig durchweicht. Als ich so erbärmlich vor den Augen meiner Großmutter stand, verlor ich die Nerven und weinte.

Kurzentschlossen rief sie meinen Vater an und schilderte ihm meine dramatische Lage. Er kam sofort, und meine Oma telefonierte auch noch einen Rettungswagen herbei. Normalerweise wäre es mir nicht recht gewesen, ins Krankenhaus zu kommen, doch in diesem Moment war mir alles egal. Sollten sie doch mit mir machen, was sie wollten.

Mein Anblick machte die Ärzte im Krankenhaus fassungslos. »Wie hat es nur so weit kommen können?«, fragten sie sich. Sie stuften mich als schwer krank, völlig verwahrlost und suizidgefährdet ein. Ich musste mich zu meinem Widerwillen fotografieren lassen. Krankenhausfotografen bekommen einiges zu sehen, doch der Fotografin blieb der Mund offen stehen, als ich die Umkleidekabine verließ. Ich war kaum in der Lage, mich gerade vor sie hinzustellen, damit sie ein Bild von mir machen konnte. Weil ich mich nicht mehr selbst waschen konnte, entfernte eine Krankenschwester vorsichtig das Blut und den Eiter. Seit ungefähr drei Wochen hatte ich mich nicht mehr geduscht, ich hatte einfach dahinvegetiert. Man gab mir eine Infusion und ich fiel in einen tranceartigen Zustand. Nach langem Schlaf erwachte ich erst am nächsten Tag.

Auszug aus dem Krankenhausbericht:

EGGER Alexander
17-jähriger, 150 cm großer, 54 kg schwerer Patient, RR bei Aufnahme 110/60. […]

Aktuelle Anamnese: Der Patient wird am 1.7.96 in reduziertem Allgemeinzustand, magerem Ernährungszustand bei uns stationär aufgenommen. Alexander kommt mit seiner Großmutter in die Notfallambulanz unserer Abteilung.

Alexander äußert bei stationärer Aufnahme suizidale Gedanken. Er erscheint in einem herabgekommenen, verwahrlosten Zustand und im dermatologischen Status zeigen sich generalisiert impetigenisierte Ekzemplaques. […]

Der Patient kommt in einer biografischen Krise zu uns, in welcher er sich in einem massiven Spannungsfeld zwischen aussichtsloser beruflicher Situation, in einem für Neurodermitiker völlig ungeeigneten Beruf (Gärtner), und schwierigsten sozialen Bedingungen befindet.

Ich erhielt Spritzen, spezielle Bäder und Lichtbestrahlungen. Das ist einem Solarium vergleichbar – Sonnenlicht ist ja bekanntlich gut für kranke Haut. Natürlich wurde ich mit den verschiedensten Salben eingecremt. Langsam wurde ich wieder etwas beweglicher. Als ich eingeliefert worden war, war ich nahezu bewegungsunfähig gewesen. Mit gekrümmtem Rücken und steifen Beinen war ich umhergeschlurft wie der Glöckner von Notre Dame. Die erste Zeit im Krankenhaus saß ich deshalb im Rollstuhl. Als es mir nach einiger Zeit durch die Therapien endlich wieder besser ging, stand ich heilfroh aus diesem Stuhl auf und schlich vorsichtig umher.

Besonders gefiel mir die Ruhe im Krankenhaus. Geregelter Tagesablauf, kein Druck mehr, kein Stress, keine Lehre, keine Berufsschule. Ich konnte mich einfach fallen lassen. Ich hatte Zeit, über mein Leben nachzudenken. Ich ging nach draußen in den Hof und setzte mich auf eine Bank, dort las ich Bücher und schrieb in mein Tagebuch. Außerdem führte ich Gespräche mit Psychologen. Sie forderten mich dazu auf, mit dem gewonnenen Abstand vom Alltag meine Situation neu zu betrachten.

Freunde und Verwandte besuchten mich. Meine Freunde brachten Spaß und Freude mit. Sie versuchten mich aufzumuntern und auf andere Gedanken zu bringen. Während seiner Besuche redete mein Vater mit mir über meine Zukunft. Als er mit den Ärzten über mich sprach, sah ich, wie er mit den Tränen kämpfte. In diesen Momenten spürte ich seine Liebe für mich und verstand, dass er mit mir litt. Der Ausdruck seiner tränenglänzenden Augen bewegte mich im Herzen. Er wollte, dass sich in meinem Leben etwas veränderte. In der Klinik hatte ich zum ersten Mal den Eindruck, dass mein Vater um mich kämpfte. Auch seine Mutter und meine Urgroßmutter kamen mich besuchen.

Mein Vater erinnert sich:

Ich glaube, dass Alexander vor seinem Krankenhausaufenthalt nicht richtig therapiert worden war. In einem erbärmlichen Zustand befand er sich: Er konnte kaum die Füße auseinanderstellen, es war alles völlig verkrustet, total schlimm. Ich bin, nachdem ich ihn zusammen mit meiner Mutter in die Klinik gebracht hatte, jeden Tag hingefahren. Und es war unglaublich, wie schnell sich sein Zustand durch die ärztliche Behandlung besserte. Er wurde mit Medikamenten vollgepumpt, nach einigen Tagen klangen seine Schmerzen ab. Er hatte einen wirklich guten Arzt. Das war für mich ein Lichtblick, ich dachte mir: »Das schaffen wir jetzt, das ziehen wir durch.«

Die Ärzte empfahlen mir dringend, meine Gärtnerlehre aufzugeben. Mit meiner Krankheit konnte man nicht zwischen Beeten herumklettern, Bäume absägen und Löcher graben. Also sprach ich mit meinem Chef darüber, dass ich kündigen müsse. Er konnte es nachvollziehen, schließlich hatte die Erfahrung gezeigt, wie wenig belastbar ich war. Trotzdem wäre er nicht abgeneigt gewesen, mich die Lehre beenden zu lassen, und sprach mir Mut zu: »Es ist ja nur noch für ein halbes Jahr, Alexander, dann bist du fertig.« Aber ich wollte einfach nicht mehr. Ich traute mir überhaupt nichts mehr zu, selbst Milch über ein Müsli zu kippen, überforderte mich. Also kündigte ich schweren Herzens und fühlte mich dabei wieder als Versager.

Mein Onkel Roland brachte mir bei einem seiner Besuche eine Bibel mit und ich begann, darin zu lesen. Doch das meiste verstand ich nicht.

Als ich außerhalb des Krankenhauses spazieren ging, begegnete ich einem Straßenkehrer. Er pfiff beim Kehren eine fröhliche Melodie und lachte mich freundlich an. Um ehrlich zu sein, hatte ich immer gedacht, wer als Straßenkehrer arbeiten musste, hatte irgendetwas im Leben falsch gemacht. Dieser Mann änderte mein Bild. Wir kamen ins Gespräch und ich merkte, dass er mit Leib und Seele ein zufriedener Straßenkehrer war. Seine Tätigkeit machte ihm Spaß und er wollte seinen Job gut machen. Er hatte sogar eine Kehrmaschine erfunden, die er sich hatte patentieren lassen. Nachdem er sie an die Stadt Salzburg verkauft hatte, hatte er eine gute Summe dafür erhalten. Trotzdem kehrte er weiter die Straße. Er freute sich darüber, dass die Menschen über ein sauberes Salzburg begeistert waren. »Bei jeder Tätigkeit kann man Erfüllung finden, wenn man sie gerne und von Herzen tut«, sagte er zu mir, »es kommt nur auf die innere Einstellung an.« Er wurde mir ein sehr guter Freund und beeindruckte mich mit seiner

Ausgeglichenheit und seiner Freude an der Arbeit. Er machte mir Hoffnung, dass auch ich eine Tätigkeit finden könnte, die mich erfüllen und mir Freude machen würde.

Einer der Ärzte im Krankenhaus ist mir in besonders eindrücklicher Erinnerung geblieben. Er motivierte mich dazu, von mir selbst wegzusehen. »Du wolltest doch mal Krankenpfleger werden, oder?«, fragte er mich. »Also scheinst du dich für Menschen zu interessieren. Wie wäre es, wenn du mal durch die anderen Zimmer schlenderst und dir die verschiedenen Patienten ansiehst?«

Als ich die Patienten betrachtete, wurde mir klar, welche schweren Schicksale um mich herum versammelt waren – das war ein gutes Gegengift zu meinem Selbstmitleid. Der Arzt sagte zu mir: »Gib dich selbst nicht auf! Nur Briefe gibt man bei der Post auf!«, und zwinkerte mir zu. Immer wenn wir uns begegneten, fragte er mich: »Was gibt man auf, Alexander?« »Nur einen Brief!«, antwortete ich im Brustton der Überzeugung. Dieser Mann war ein Sonnenschein für mich, Menschen wie er taten mir gut.

Doch die Überzeugung währte nicht lange – die dunklen Gedanken waren mächtiger. In meiner näheren Zukunft sah ich einfach keine konkrete Perspektive. Meine Hoffnungen, Träume und Wünsche sahen doch ganz anders aus, als beständig krank und geschwächt zu sein, und – egal in welchem Beruf – ich hätte in meinem Zustand nicht arbeiten können. Auf eine weitere Bewerbung für eine Lehrstelle hatte ich gerade eine Absage erhalten, außerdem gab es familiär einige Probleme. Mit meiner Mutter und meinem Stiefvater führte ich im Krankenhaus schwierige Gespräche. Vieles war in den Jahren zuvor in unserem Verhältnis zu Bruch gegangen. Sie schätzten meine Lage anders ein als ich. Sie wollten, dass ich es in meinem Leben zu etwas bringe. »Mach was aus dir!«, forderten sie mich auf.

In den nächsten Tagen arbeitete ein Coach einen Perspektivenplan mit mir aus. Vor mir lag eine Liste mit Hunderten von Dingen, gegen die ich allergisch war – darauf waren nicht nur

Nahrungsmittel aufgeführt, sondern auch chemische Substanzen wie Lacke und Farben. Allein deshalb kamen schon viele Berufe für mich nicht in Frage. Und Berufe, in denen ein ansprechendes Äußeres verlangt wurde, konnte ich sowieso vergessen. Hinzu kamen meine psychischen Probleme. »Es ist schwierig, Alexander«, sagte der Coach zu mir. »Viel bleibt nicht übrig. Ich rate dir zu einer Tätigkeit in einer geschützten Werkstatt für Behinderte.« Mit diesen Worten lehnte er sich auf seinem Stuhl zurück und blickte mich erwartungsvoll an. Ich starrte zurück und konnte es nicht glauben. Ohne ein Wort zu erwidern, schob ich den Stuhl zurück, stand auf und verließ den Raum.

Am nächsten Tag bat ich um eine Kopie des Perspektivenplans und vereinbarte ein Gespräch mit einem der Ärzte. Ich wollte eine zweite Meinung hören. Nachdem der Arzt den Perspektivenplan mit mir durchgegangen war, sagte er: »Ich glaube, der Coach hat recht, Alexander.« Das war ein großer Schock für mich. Als einen Behinderten hatte ich mich trotz allem nicht sehen wollen. Doch hier saß der Arzt vor mir und bestätigte die Einschätzung des Coachs: Ich war behindert. Damit würde ich nun leben müssen. Ich dachte mir: »Schlimmer kann es einfach nicht mehr werden.«

Draußen vor dem Fenster des Besprechungszimmers schien die Sonne, in mir war Finsternis. Wozu war ich eigentlich noch zu gebrauchen? Was sollte nur aus mir werden? Ich hatte keine Arbeit, kein Geld, keine Frau, keine Aussicht auf eine eigene Familie und auf körperliche Gesundheit. Stattdessen erwartete mich ein Leben als entstellter, behinderter Mensch voll von Schmerzen und Verzweiflung. Ich stand auf, schlich aus dem Besprechungszimmer und schleppte mich durch den Krankenhausflur. Ich hasste mich selbst, die Welt und den Jobcoach. Alles hatte sich gegen mich verschworen. Solch ein Leben wollte ich nicht führen. Dann lieber sterben. Diesmal sollten es keine Schlaftabletten sein. Es musste ganz klar sein, dass ich nicht überlebte.

Ich überlegte mir verschiedene Todesarten: Erhängen? Ich hatte gehört, dass man das überleben konnte – das kam daher nicht in Frage. Ertrinken? Aber dabei dauerte das Sterben so lange. Was wäre, wenn ich mit Gewichten beschwert am Grunde des Sees ankommen würde, dann plötzlich doch noch leben wollte und qualvoll ersticken musste?

Eine Pistole oder ein Gewehr hatte ich nicht. Es musste etwas anderes sein, schnell und sicher.

Auf dem Mönchsberg

Der Herr ist allen nahe, die verzweifelt sind; er rettet die, die den Mut verloren haben.

Psalm 34,19

Auf dem

Ich glaube, es war einige Tage nach dem Gespräch mit dem Jobcoach, an einem sonnigen Tag im Juli, als ich mich entschied, auf den Mönchsberg zu gehen. Er befindet sich in der Nähe des Krankenhauses, mitten in der Stadt, und genießt traurige Bekanntheit wegen der vielen Selbstmorde, die dort verübt werden. Wer sich vom Mönchsberg ungefähr 50 Meter in die Tiefe hinabstürzt, ist mit Sicherheit tot. Das war mein Ziel, dort wollte ich hin.

Nach dem Frühstück sagte ich zur Krankenschwester, dass ich mir ein wenig die Beine vertreten wolle. »Du musst dich fürs Mittagessen abmelden, wenn du länger weg bist«, antwortete sie. Natürlich wusste sie nichts von meinen düsteren Gedanken. Niemand wusste etwas. Ich hatte erfahren, dass Selbstmörder, die es wirklich ernst meinten, niemandem von ihrem Vorhaben erzählten. Mir war es diesmal tatsächlich ernst. Ich wollte nicht gerettet werden.

Ich verließ das Krankenhausgelände und ging zielstrebig Richtung Mönchsberg. Zwei Frauen saßen auf einer Bank und reckten ihre Gesichter der Sonne entgegen, ein paar kleine Kinder jagten Tauben. Das gute Wetter ließ mich kalt, Blumen, Bäume, Licht und Lachen schienen sich gegen mich verschworen zu haben – sie berührten mich nicht, ja es kam mir vor, als würde mich das Leben in seiner ganzen Schönheit verspotten, wie es so satt und zufrieden vor mir lag, während ich von diesem Glück ausgeschlossen war. So sehr ich mich auch bemühte – ich konnte keinerlei Hoffnung mehr aufbringen. Die Krankheit, die Schmerzen – das war eine Sache. Aber keine Chance mehr zu sehen, war schlimmer als alles, was ich bisher in meinem Leben erfahren hatte. Vor meinem inneren Auge lag die Zukunft wie ein schwarzes Loch.

Auf dem Weg dachte ich an meine Eltern, an Freunde und Bekannte. Ich malte mir aus, wie sie an meinem Grab stehen und worüber sie sich unterhalten würden. Ich stellte mir vor, wie sie bedauern würden, was in meinem Leben alles schiefgegangen war. Ich dachte aber auch daran, wie ich sie durch meinen Suizid enttäuschen könnte und welch trübe Erinnerung ich dadurch bei ihnen hinterlassen würde. Kein schöner Gedanke.

Gott hatte meine Fragen nach dem Warum nicht beantwortet. Ebenso wenig hatte ich eine Antwort in meinen Büchern gefunden – und in mir selbst schon gar nicht. Warum gab es keine Hilfe für mich? Ich hasste mein Schicksal, ich hasste die Welt, am liebsten hätte ich die Frauen auf der Bank angeschrien. Das Leben war ungerecht und gemein und ich war machtlos. Das letzte bisschen Macht, das mir blieb, war die Herrschaft darüber, wann und wie mein Leben enden würde.

Ich suchte mir eine Stelle aus, die ein wenig abseits lag. Niemand sollte mich sehen. Ich stellte mich an ein eisernes, sprödes Geländer und schaute hinunter auf den Asphalt. »Mache ich es, mache ich es nicht?«, fragte ich mich. Lange stand ich dort, während mein Gehirn auf Hochtouren lief. Ich stellte mir vor, wie ich Anlauf nahm, mit Schwung über die Absperrung setzte und mich einfach hinabstürzte. Eine Angelegenheit von nur wenigen Sekunden.

Während die schöne Stadt mit ihren weißen Gebäuden und hellen, grauen Dächern vor mir im Sonnenlicht leuchtete, beobachtete ich die Menschen, die wie Spielfiguren unten in der Tiefe umhergingen. »Ihnen geht es gut«, dachte ich mir, »die machen Urlaub, fahren ins Freibad, genießen den Tag mit ihren Kindern.« Szenen aus meiner Kindheit liefen wie ein Film vor meinem inneren Auge ab. Nein, ich wollte wirklich nicht mehr leben. Mein Leben war ja schon wie eine Hölle – konnte eine jenseitige Hölle schlimmer sein als das, was ich hier durchlitt? Diesmal durfte es mir nicht wieder misslingen! Ich wollte nicht erneut zulassen, dass Zweifel meine Entschlossenheit schwächen würden. »Spring einfach«, rief eine Stimme in mir, »dann ist es vorbei!«

Ich atmete durch. Jetzt oder nie. Entschlossen stellte ich meinen Fuß auf die untere Stange des Geländers und setzte an, mich hinüberzuschwingen. Ich verlagerte das Gewicht, wollte umgreifen, doch da geschah das Seltsame: Meine Finger mit den Fleischwunden klebten am eisernen Geländer fest, so als würde man an einem Eiswürfel festhängen. Ich hielt inne. Wollte mich doch irgendetwas am Leben festhalten? Ich schluckte. Plötzlich war meine Entschlossenheit dahin. Ich starrte hinab. Leben oder Tod? Was wäre, wenn mit dem Tod doch nicht einfach alles aus wäre? Was würde mich auf der anderen Seite erwarten? Gott? Was würde er sagen? Was riskierte ich, wenn ich hinuntersprang? Vielleicht würde er mich verurteilen und bestrafen – das war zu befürchten, wenn Selbstmord eine Todsünde war. Außerdem stand es mit meinem Gottesverhältnis ohnehin nicht zum Besten. Was wäre, wenn es tatsächlich eine Hölle gab?

Hatte Gott mir gerade irgendetwas sagen wollen, als ich festklebte? War es nicht so, dass er mir schon einmal etwas Wichtiges gesagt hatte? Damals, durch die Frau am See. Was hatte sie mich gefragt? Ob ich bereit wäre, gesund zu werden. War ich denn bereit, gesund zu werden? War ich bereit, Gott zu vertrauen?

Wenn ich mich hier vom Mönchsberg hinabstürzte, wäre ich definitiv nicht bereit – weder bereit gesund zu werden, noch bereit Gott zu vertrauen. Dann wäre ich nur noch bereit für den Tod. Mein Blick ging hinab in die Tiefe, wieder sah ich die Menschen wie Spielfiguren umhergehen. Doch sie waren keine Figuren, sie waren Menschen wie ich, Menschen mit geplatzten Träumen, Enttäuschungen und Schmerzen. Wie viele von ihnen brachten sich deshalb um? Ich war nicht der einzige Kranke auf dieser Welt. Es gab Tausende von Menschen, denen es schlechter ging als mir. Menschen, deren Arme und Beine weggebombt waren, Menschen, die verhungerten. Brachten sie sich um? Was würden sie zu mir sagen, wenn ich in den Tod flüchtete wie ein Feigling? Und das alles wegen einer Hautkrankheit, und sei sie noch so schlimm. Mit meinem Selbstmitleid musste einfach Schluss sein.

Hier stand ich also am Geländer, an dem meine Finger festgeklebt hatten, und da unten gab es Menschen, die am Leben festhielten, Menschen, die Hoffnung hatten. Vielleicht gab es ja auch für mich Hoffnung? Vielleicht meinte Gott es doch noch gut mit mir. »Alexander, gib dir einen Ruck!«, versuchte ich mir selbst Mut zu machen. »Sei kein Feigling, lauf vor dem Leben nicht davon! Deine ganze Entschlossenheit, die du aufgebracht hast, um dich hier an den Abgrund auf dem Mönchsberg zu stellen – nutze diese Entschlossenheit lieber, um Gott zu vertrauen! Vielleicht gibt es ja trotzdem immer noch Hoffnung auf eine Heilung für dich!«

Zitternd trat ich einen Schritt vom Geländer zurück. Gott war der Schöpfer über Himmel und Erde und wenn es ihn gab, dann hatte er mich erschaffen und er war der Herr über mein Leben und meinen Tod. Ich hatte nicht das Recht, mir eigenmächtig dieses Leben zu nehmen. Was auch immer er mit mir krankem Menschen vorhatte – er musste es vollenden!

Und da hatte mich das Leben wieder! Ich trat noch einen Schritt zurück. Meine Entscheidung für das Leben war gefallen. Und dieses Mal fühlte ich mich keineswegs beschämt, weil es mir nicht gelungen war, mich umzubringen, sondern ich war voll positiver Entschlossenheit. Ich atmete tief durch und sagte ganz bewusst: »Ich will leben, ich will etwas aus meinem Leben machen!« Plötzlich fing mein Magen an zu kribbeln, mich durchströmte ein Frieden, der gleichzeitig aufregend war, als würde Adrenalin durch meine Adern fließen. »Jetzt gib Gas«, dachte ich mir, »wenn dir das Leben Steine ins Kreuz wirft, dann bewegst du dich zumindest nach vorne!« Ich wandte mich um und ging zügig den Weg hinab, den ich hinaufgestiegen war.

Der Abstieg war körperlich genauso mühsam wie der Gang hinauf, der Wind brannte an meinem Hals; Finger, Kniekehlen und Ellenbeugen schmerzten. Die negativen Gedanken setzten wieder ein. »Hast du Arbeit?«, flüsterten sie mir wieder zu. »Nein«, antwortete ich mir selbst, »aber ich werde mich bemühen, das zu ändern!« Ich war innerlich völlig verändert, voller Tatendrang. Meine Selbstmordpläne gehörten der Vergangenheit an. Trotz aller Schmerzen und aller Probleme – ich wollte die Hoffnung nicht aufgeben!

An diesem Abend ließ ich den Fernseher aus und las stattdessen in der Bibel und in einem anderen Mut machenden Buch. Ich begann Pläne zu schmieden: Wie konnte ich zielorientiert werden? Wie konnte ich das Beste aus mir machen? Es ging mir dabei sehr gut. Skurrilerweise wurde dadurch der Tag, an dem ich mein Leben beenden wollte, zum ersten schönen Tag, den ich seit Jahren erlebte!

Am nächsten Morgen stand ich um 8.00 Uhr in der Frühe auf, anstatt mich noch einmal im Bett umzudrehen und weiterzuschlafen. So früh war ich schon lange nicht mehr aufgestanden. Positiv gestimmt ging ich in den Tag und kaufte mir Bücher über Motivationstraining und Karriereratgeber. Sogar auf die therapeutischen Behandlungen freute ich mich. Zuvor hatte ich sie ohne viel Hoffnung über mich ergehen lassen, zu tief saßen die Enttäuschungen über erfolglose Heilmethoden aus der Vergangenheit in mir fest. Nun war ich gewillt, alle Behandlungen mit einer wohlwollenden Entschlossenheit zu absolvieren. Meine freie Zeit versuchte ich sinnvoll zu nutzen: Ich trainierte meinen Bewegungsapparat, indem ich spazieren ging, las die Bücher, die ich mir gekauft hatte, und setzte mich in die Bibliothek, um mich weiterzubilden.

Ich war selbst überrascht von mir. Plötzlich war es inspirierend für mich, morgens aufzustehen und den Tag zu nutzen. Obwohl ich weiterhin schlimme Schmerzen hatte, versuchte ich meine Einschränkungen nach Kräften zu ignorieren, indem ich mich auf alle guten Dinge konzentrierte, die ich im Laufe eines Tages erlebte. Ich wollte mich nicht mehr nur um mich selbst drehen. Ein Fluss, der nicht mehr fließt, beginnt zu stinken. Wasser, das um sich selbst kreist, fließt in einem Strudel nach unten. Ich wollte im Fluss bleiben, ich wollte vorwärts fließen, kraftvoll, klar und rein, und nicht weiter in einem fauligen Sumpf aus Selbstmitleid versinken. Ich hatte verstanden, dass es wichtig war, jeden Tag aus dem Bett aufzustehen und nicht in Depressionen zu versinken. Nur ein Fluss, der in Bewegung ist, bleibt rein und klar und frisch.

Wenn ich nun abends müde ins Bett fiel, war es neuerdings mit dem befriedigenden Gefühl, einen guten und produktiven Tag erlebt zu haben.

Heilung von Körper und Geist

Und er [Jesus] sagte zu ihr: »Tochter, dein Glaube hat dich gesund gemacht. Geh in Frieden. Du bist geheilt.«

Markusevangelium 5,34

Mein Onkel besuchte mich weiterhin im Krankenhaus und sprach mit mir über Gott. Vor einigen Jahren hatte er zum christlichen Glauben gefunden, aus dem rastlosen Lebemann war ein anderer Mensch geworden, er wirkte zufriedener und ausgeglichener. Schon vor meinem Klinikaufenthalt hatte er begonnen, mit mir über Gott zu sprechen, doch in der Abgeschiedenheit meines Krankenzimmers und in meiner aktuellen Lage begannen seine Erzählungen noch einmal ganz neu auf mich zu wirken. Mein Onkel berichtete von einem liebevollen und gerechten Gott, der uns befreien möchte. Er sagte, Glaube versetze Berge und unser Schöpfer würde sich in allen Belangen um uns kümmern. Dieses Bild von Gott war seit Kindertagen in mir verschüttet gewesen, er holte es wieder hervor und brachte es erneut zum Leuchten. Vielleicht könnte Gott mir dennoch wohlgesonnen sein, trotz all meiner Anklagen gegen ihn. Vielleicht würde er mir endlich doch noch helfen.

Ich versuchte in der Bibel Antworten auf meine persönlichen Probleme zu finden. Früher hatte ich nur kurze Gebete gesprochen, doch nun ging ich mit einer entschlosseneren Haltung an den Glauben heran. Zusätzlich zur Bibel hatte mir mein Onkel ein kleines Buch geschenkt, in dem alle Bibelverse zum Thema Heilung aufgelistet waren. Sorgfältig schlug ich jeden einzelnen Vers in der Bibel nach, las ihn im Gesamtzusammenhang des Textes und markierte ihn mit einem gelben Stift. Ich wollte, dass diese Verse mir in die Seele sanken, in meinem Geist Fuß fassten. Besonders beeindruckten mich die Geschichten von der Heilung der blutflüssigen Frau[3] und des gelähmten Mannes[4]. Außerdem dachte ich noch einmal über die Begegnung am See nach. Ich nahm diese Begegnung neu als Reden Gottes für mich an. Wer auch immer diese Frau gewesen sein mochte – durch sie hatte Gott zu mir gesprochen. Ich dachte mir, dass Gott vielleicht schon immer mit mir gegangen war, als ich zum Beispiel zusammen mit meiner Urgroßmutter in meiner Kindheit gebetet hatte. Außerdem erinnerte ich mich an die Worte, die mein Onkel während der Besuche zu mir gesagt hatte: »Alexander, es gibt einen liebevollen

Gott, der heilt, und zwar heute – auch wenn es zunächst nur das Herz ist, das gesund wird.«

Zum Lesen und Nachdenken setzte ich mich in den Hof des Krankenhauses. Dort stellte ich mir vor, wie Gott als ein liebevoller Vater direkt vor mir sitzt. Ich hatte konkrete Wünsche und ich wollte, dass sich in meinem Leben etwas änderte. Diese Wünsche sagte ich ihm. Außerdem wollte ich ihn näher kennenlernen. Auf geheimnisvolle Weise spürte ich ein ganz neues Vertrauen zu ihm, das ich mir vor meiner Erfahrung auf dem Mönchsberg nie hätte vorstellen können. Vielleicht lag es daran, dass ich in der Bibel las, vielleicht lag es an den Gesprächen mit meinem Onkel, vielleicht an der lebensbejahenden Entscheidung, die ich am Mönchsberg getroffen hatte – vielleicht lag es auch an all diesen Faktoren zusammen, dass ich Gott wieder vertrauen konnte. Es ist für mich ein Geheimnis, das ich genauso wenig verstehe oder erklären kann wie das Gefühl des Verliebtseins. Ganz plötzlich hatte sich mein Herz für Gott geöffnet.

Innerlich war ich positiv gestimmt, meine Umkehr zum Leben auf dem Mönchsberg und einige motivierende Bücher, die ich gelesen hatte, hatten in meiner Seele bereits Spuren hinterlassen. Und so betete ich hoffnungsvoll und voller Vertrauen zu Gott. Dabei sprach ich ihn ganz direkt und persönlich an: »Es tut mir leid, dass ich so schlecht von dir gedacht habe. Ich danke dir dafür, dass du mir die Dame am See geschickt hast, sonst wäre ich jetzt schon nicht mehr am Leben.« Nach einer kurzen Pause fuhr ich fort: »Ich habe heute in der Bibel gelesen: ›Gott ist bereit, euch gerade jetzt zu helfen. Heute ist der Tag der Erlösung‹[5]. Wenn das so ist, wie es in der Bibel steht, dann möchte ich, dass du mir gerade jetzt hilfst. Dass ich jetzt sofort geheilt werde. Nicht erst in zehn Jahren, im Sinne von ›Krankheit als Weg‹, sondern bitte jetzt. Ich habe die Nase voll von allem. Ich mache keine weiteren Therapien mehr, das ist jetzt meine letzte Chance. Wenn du mich heilst, erzähle ich in Zukunft von dir und deiner wunderbaren Heilung.« In diesem Moment habe ich Gott mein Leben anvertraut und den Gedanken losgelassen, ich hätte alles unter Kontrolle.

Und dann wartete ich ab und hoffte auf schnelle Ergebnisse. Zunächst jedoch kam die Erkenntnis, dass nach diesem ernsthaften Gebet scheinbar nichts passierte. Jedenfalls nicht äußerlich. Aber innerlich begann sich bei mir einiges zu verändern. Meine positive Haltung blieb bestehen, ich wurde sogar noch zuversichtlicher. Tief in meinem Herzen wusste ich: Gott will das Beste für mich. Was auch immer jetzt passiert, er entscheidet es und ich gebe mich ihm vollkommen hin. Was er auch immer entscheidet, es wird gut sein. Selbst wenn ich körperlich nicht sofort geheilt werde, hat er andere gute Dinge mit mir vor. Er will mich »heil« machen. »Heilsein« bedeutet mehr als körperliche Heilung, »Heilsein« bezieht sich auf mich als ganzen Menschen.

Ich begann Frieden zu finden, ich dachte mir: Selbst wenn Gott mir die Neurodermitis nicht nehmen würde und ich noch jahrelang, vielleicht sogar für den Rest meines Lebens krank bliebe, würde das trotzdem nichts daran ändern, dass er mich als Person »heil« machen will. Ich erinnerte mich an Menschen, die im Rollstuhl saßen und innerlich dennoch »heil« waren. Darum hörte ich auf, mich nur noch auf meine körperliche Heilung zu konzentrieren und alle Gedanken allein darum kreisen zu lassen.

Stattdessen begann ich, selbstkritischer nachzudenken: Was hat die Krankheit eigentlich mit mir zu tun? Mir wurde klar, dass mein ständiges Selbstmitleid schädlich für mich war. Ständig hatte ich Worte über mich selbst ausgesprochen, die mich psychisch heruntergezogen hatten. Mein Selbsthass war zerstörerisch gewesen. Wie sollte mir daraus irgendetwas Gutes entstehen? Dann wurde mir klar, dass mir die Krankheit ja auch Vorteile verschafft hatte: Oft hatte ich Dinge nicht tun müssen, die für andere Kinder unumgänglich waren. Andere mussten regelmäßig in die Schule gehen und Leistungen erbringen oder unliebsame Verwandte besuchen. Ich hingegen konnte mich vor so mancher Verpflichtung drücken, hatte eine Entschuldigung dafür, in der Schule zu fehlen, bekam Geld und Geschenke, weil ich Aufmerksamkeit brauchte. Ich musste mir eingestehen, dass die Krankheit trotz allen Leids sogar einige positive Seiten für mich gehabt hatte. War ich bereit, auf diese heimlichen Vorteile zu verzichten?

Ich wollte nun bereit sein, mich dem Leben mit seinen ganzen Herausforderungen zu stellen, so wie jeder andere Mensch es auch tun musste. Mit meinem ständigen Selbstmitleid würde endgültig Schluss sein!

Ich glaubte fest daran, dass Gott mich geheilt hatte. Und dann wartete ich einfach ab und versuchte, mein Leben positiv zu gestalten.

Die Heilung meines Herzens begann. Diese innere Heilung ist für mich das Wichtigste, was Gott für mich getan hat, und ich bin sicher, dass er es war, der die Heilung bewirkt hat, nicht ich oder die Umstände. Ich spürte, dass ich von all dem Negativen, das sich in meinem Leben angehäuft hatte, Abschied nehmen musste. Und so ließ ich meinen Neid, meine Wut und meine Bitterkeit los. Meine Bitterkeit war wie eine faule Wurzel, die den Baum zwar noch hielt, aber nur bis zum nächsten Sturm. Und so war ich immer wieder umgefallen, wenn ich Hass, Wut und Neid gegen mich selbst und gegen meine Mitmenschen verspürt hatte. Diese bittere Wurzel in mir musste endlich ausgerissen werden, ich wollte dadurch nicht mehr zu Fall kommen und stattdessen ein standhafter Mensch werden.

Mein Großvater hatte einen großen Rucksack, der bei ihm im Keller stand. Ich stellte mir vor, wie dieser Rucksack bis oben mit schweren Steinen gefüllt war, die meine ganzen Lebensschwierigkeiten symbolisierten. All diese negativen Gefühle und Gedanken, diesen schweren vollgestopften Rucksack meines Lebens, legte ich bei Gott ab. Vor meinem inneren Auge stellte ich mir vor, wie ich diesen Rucksack bei Jesus ans Kreuz stellte und zu ihm sagte: »Bitte nimm dies von mir, ich will es nicht mehr haben, es ist zu schwer für mich.«

Im Gegensatz zu früher hatte ich nun den Eindruck, dass Gott auf meine Gebete antwortete. Es war eine innere Gewissheit im Herzen. Ich wusste, dass Gott da war, wo ich ihm zuhörte, und ich lernte, mich beim Beten zurückzunehmen. Nicht immer nur zu sagen: »Ich wünsche mir dies, ich wünsche mir jenes...«, sondern stattdessen innezuhalten, ruhig zu werden, zu lauschen. Mich unmerklich von Gott führen zu lassen. Er sagt, dass er uns den Weg zeigt, den wir gehen sollen (Jesaja 48,17). Darauf stützte ich mich. Ich quälte mich nicht mehr jeden Tag mit der Frage: »Was soll ich tun?«, sondern ich vertraute darauf, dass Gott mich auf seine Weise leiten würde, wenn ich mich auf seine sanfte Wegweisung einließ.

Durch den Glauben an Gott habe ich für mich angenommen, dass Jesus alles vollendet hat – es ist vollbracht. Das waren ja seine Worte am Kreuz: »Es ist vollbracht« (Johannesevangelium 19,30). Das Wort *vollbracht* habe ich in einem Wörterbuch nachgeschlagen und dort stand geschrieben: komplett abgeschlossen, bereinigt, beendet. Als ich im Krankenhaus ein Holzkreuz mit dem gekreuzigten Jesus sah, kam es mir vor, als würde er mit offenen Armen vor mir stehen und sagen: »Komm in meine Arme, ich habe es für dich vollbracht.« Und ich erinnerte mich daran, dass er für meine Sünden, ja für die Sünden aller Menschen, am Kreuz gestorben war und so den Weg zu Gott frei gemacht hatte. Auch ihm war das Herz durchbohrt worden. Er hatte meine Sünden, meinen Schmerz getragen und auch ihm war viel Leid widerfahren durch andere Menschen. Und so ließ ich alles Negative los und legte es bei ihm am Kreuz ab. In der Bibel hatte ich gelesen, dass wir bei Gott Vergebung erlangen für unsere eigenen schlechten Gefühle, Gedanken und Taten, und so bat ich ihn, mich von der Schuld, die auch ich angehäuft hatte, zu befreien. Danach war es mir möglich, auch anderen zu vergeben: den Hass, die Lästerungen, den Spott, das Mobbing, die Verachtung. Was sie mir angetan hatten, war in mir zu einem Berg aus Schmerz und Verbitterung angewachsen. Aber weil Gott mir vergeben hatte, konnte auch ich vergeben und die Wurzel der Bitterkeit aus meinem Herzen reißen. Wenn Gott für mich ist – wer kann dann gegen mich sein? Ich hörte damit auf, anderen Menschen die Schuld für Leid in meinem Leben zu geben, und erkannte meinen eigenen Anteil an meinem Schicksal. Denn indem ich andere für meine Situation verantwortlich gemacht hatte, hatte ich auch die Verantwortung für mein Leben abgegeben und dadurch die falsche Vorstellung genährt, dass ich mein Leben selbst nicht ändern konnte. Aber ab jetzt würden nur noch Gott und ich die Verantwortung tragen.

Wahrscheinlich hat jeder von uns sein Päckchen zu tragen und schleppt seinen »Lebensumstände-Rucksack« mit den schweren Steinen mit sich herum. Aber ich glaube auch, dass jeder ihn abstellen kann. Vergebung spielt dabei eine große Rolle: Ich musste anderen Menschen vergeben und aufhören, ihnen die Schuld an vielen schweren Erfahrungen zu geben. Unversöhnlichkeit ist wie ein schwerer Rucksack, der nach unten und nach hinten zieht. Er bringt uns aus der Balance und macht uns den Weg beschwerlicher. Meine innere Unversöhnlichkeit hatte mich selbst am meisten eingeschränkt, somit hatte ich mir selbst geschadet. Vergebung befreite mich von dieser Last: Als ich vergab, merkte ich, dass ich die anderen und mich selbst freisetzte.

Nach und nach zog in meine Seele ein tiefer Frieden ein. Ich konnte alles akzeptieren, was in meinem Leben geschehen war, und glaubte nicht mehr daran, dass aus mir nichts werden würde. Mein Herz wurde geheilt, als ich erkannte, dass ich selbst für mich das größte Hindernis gewesen war, der größte Stolperstein. Doch dieser Stein war nun aus dem Wege geräumt worden und in meiner Seele wurde es endlich hell. Es erinnerte mich an die Geschichte von der Auferstehung Jesu: Der große Rollstein, der das Felsengrab versiegelt hatte, war durch Gottes Kraft weggerollt worden. So war auch der große »Rollstein« meines Egos durch Gottes Eingreifen von meiner Herzenstür weggewälzt worden – und das Licht seiner Gnade flutete nun ungehindert durch diese offene Tür in meine über die Jahre verdunkelte Seele hinein.

Gott wurde für mich zu einem Gentleman, der höflich an meiner Seite geht. Leise spricht er: »Da bin ich.« Seine Gegenwart wurde für mich zu einer stillen Gewissheit. Seine tröstliche, liebevolle Begleitung zu spüren, gehört für mich zu den schönsten Gefühlen, die ich erleben darf. Ich stelle mir vor, ich wäre alleine im Universum, und außer mir ist da niemand mehr bis auf einen:

Gott. Und er sagt mir, dass er mich liebt, dass er mich rettet, dass er meine Heilung und Wiederherstellung will.

Meine körperliche Heilung war nicht mehr vorrangig. Ich dachte mir: »Wenn ich diese Einstellung beibehalte, dann wird es mir möglich sein, weiterzuleben, selbst wenn ich nicht geheilt werden sollte.« Ich fühlte mich rundum von Gott geliebt und angenommen, so wie ich war, völlig unabhängig davon, dass ich krank war. Wenn er mich annahm – warum sollte ich mich weiterhin ablehnen? Endlich lernte ich, mich selbst zu akzeptieren, und glaubte fest daran, dass meine Zukunft noch Gutes bereithalten würde.

Durch diesen Frieden im Herzen entstand ein enormer Motivationsschub. Bei schönem Wetter verspürte ich nun große Lust, nach draußen zu gehen, ich wollte mich nicht mehr in meinem Zimmer einschließen, trotz der weiterhin vorhandenen Schmerzen. Meine Behinderungen waren nicht mehr so wichtig. Ich bat Gott darum, mir für die schönen Seiten des Lebens die Augen zu öffnen. So stand ich morgens in der Frühe auf, ging spazieren und begann, das Leben neu zu entdecken. Ich dankte Gott für das Vogelgezwitscher, ich dankte ihm dafür, dass ich morgens nicht mehr in ein depressives schwarzes Loch fiel. Ich nahm nun auch wahr, dass die Sonne schien. Selbst dafür war mein Blick verdunkelt gewesen, nun dankte ich Gott für den Sonnenschein. Ich ließ mich nicht mehr davon deprimieren, dass ich durch ihre Wärme ins Schwitzen geriet und der Schweiß in meinen Wunden brannte. Ich freute mich einfach an ihrer Schönheit.

Ich las in der Bibel und versuchte mein Leben in die Hand zu nehmen. Daraus entstand eine große Hoffnung, in meiner Vorstellung sah ich mich selbst schon als gesund.

Ich wollte meinem Leben eine neue Richtung geben und sprach mit meinem Vater darüber, wie es nun konkret für mich weitergehen sollte. Er war sehr dafür, dass ich zu Hause auszog.

Meine Großeltern Helga und Fritz erinnern sich:

Alexanders Papa kam auf uns zu und bat uns, ihn bei uns einziehen zu lassen. Wir waren damit einverstanden, zumal wir in unserem Haus in der oberen Etage noch ein Zimmer von unserem Sohn frei hatten, der ausgezogen war. Alexander hatte sich positiv verändert, und wir dachten, es wäre von Vorteil für seine Entwicklung, wenn er erst einmal nicht in seine alte Umgebung zurückkehren würde, sodass er nicht gleich wieder mit seinen alten Problemen konfrontiert werden würde. Denn sein Zimmer, in dem er so viele Stunden im Bett verbracht hatte, würde ihn ja nur wieder an düstere Zeiten erinnern. Unser Enkel freute sich sehr darüber, dass er bei uns einziehen durfte.

Bei einem Besuch stellte ich meine Mutter und meinen Stiefvater vor vollendete Tatsachen. Sie waren ganz und gar nicht begeistert und konnten sich nicht vorstellen, dass ich mein Leben auf mich selbst gestellt bewältigen würde. Aber ich wollte für meine Familie keine Belastung mehr sein und brauchte Abstand zu meinem bisherigen Leben. Ich suchte einen Neuanfang. Das Zimmer bei meinen Großeltern sollte eine vorübergehende Unterkunft sein, bis ich eine eigene Wohnung finden würde.

Körperlich ging es mir besser als zuvor, wenn ich auch nicht geheilt war und nach wie vor unter meiner schweren Neurodermitis litt. Die Ärzte machten mir Hoffnung, dass die Zukunft besser würde. Ich würde mit der Neurodermitis als chronischer Krankheit leben lernen, die Symptome würden abgeschwächter auftreten. »Bei der Schwere deiner Erkrankung darfst du nicht damit rechnen, dass sich dein Zustand über Nacht verbessert«, sagten die Ärzte. »Vielmehr musst du dich auf neue Krankheitsschübe gefasst machen, aber lass dich davon nicht entmutigen! Du brauchst Geduld, bis deine Haut etwas besser wird.« Sie rieten mir dazu, weniger auf meine Haut und die Krankheit zu schauen und mir weniger Gedanken um meine Allergien zu machen, damit der alltägliche psychische Druck nachlassen würde. Nach Möglichkeit sollte ich mich ablenken und mit anderen Dingen beschäftigen.

Mir erging es kurz vor meiner Entlassung wie in den Kuraufenthalten meiner Kindheit. Die Wunden hatten sich geschlossen, die Schmerzen nachgelassen, mein Hautbild war schöner geworden, aber ich fürchtete einen Rückfall, sobald ich das geschützte Umfeld der Klinik verlassen würde. Ich fragte mich: »Wie wirst du in zwei Monaten aussehen?« Schlimme Erinnerungen kamen in mir hoch, sie lösten regelrechte Angstzustände in mir aus. Außerdem stiegen Zweifel in mir auf, ob meine Eltern nicht doch Recht behalten würden. Vielleicht würde es mir tatsächlich nicht gelingen, ohne sie zurechtzukommen. Ich malte mir die Rückfälle aus – wer sollte mir dann helfen, mich auszuziehen und einzucremen? Wer würde mir meine Medikamente besorgen? Wohin sollte ich dann gehen? Zurück ins Krankenhaus? Gescheitert zurück zu meinen Eltern?

Ich hatte Angst. Doch dann dachte ich an den Mönchsberg zurück. Als ich am Geländer gestanden hatte, war meine Situation auch sehr schlecht gewesen: schwer krank, ohne Arbeit, ohne Hoffnung. Dennoch hatte ich mich für das Leben entschieden. Wenn ich dem Tod entgangen war, wollte ich mich nun auch von Zukunftssorgen nicht schrecken lassen!

So klammerte ich mich an mein neues Vertrauen zu Gott und hoffte, dass mir Enttäuschungen, wie ich sie aus meiner Vergangenheit kannte, erspart bleiben würden. Mit einem mulmigen Gefühl verließ ich kurz vor meinem achtzehnten Geburtstag das Krankenhaus. Ich war fest entschlossen, mich von meinen Ängsten und Sorgen nicht erneut erdrücken zu lassen. Mein Mönchsbergerlebnis hallte noch in mir nach, mein Glauben und mein neu erwachter Überlebenswille trieben mich vorwärts. Ich zog direkt bei meinen Großeltern ein, dort entspannte ich mich, zu ihnen hatte ich ein ungetrübtes Verhältnis, ich kam zur Ruhe. Aus meinem alten Zuhause hatte ich nur wenige Sachen mitgenommen. Ich warf meine gesamte Sammlung von Berichten, Zeitungsartikeln und Informationsmaterialien über die Krankheit fort und entschied mich, meine Medikamente abzusetzen und die Therapien abzubrechen.[6] Nur eine hautschonende Creme behielt ich bei, um bei starker Sonne keinen Sonnenbrand zu bekommen. Ich sagte zu Gott: »Du heilst mich, darauf vertraue ich.«

Um von der ständigen Sorge über das Essen frei zu werden, entschloss ich mich, etwas zu riskieren. Kurzerhand warf ich alle Nahrungsvorschriften über den Haufen, kaufte mir drei Tafeln Schokolade und aß sie auf dem Weg nach Hause vollständig auf. Währenddessen dachte ich fieberhaft: »Wann kommt der Juckreiz? Wann kommt der Juckreiz?« Doch nichts geschah, Reaktionen blieben aus – abgesehen von leichter Übelkeit, wie sie jeder verspürt, der sich gerade drei Tafeln Schokolade einverleibt hat. Innerlich jubelnd nahm ich dies als gutes Zeichen, von Ernährungsregeln wollte ich mich fortan nicht mehr verrückt machen lassen. Mit einem Hochgefühl kehrte ich zu meinen Großeltern zurück. Am nächsten Tag kaufte ich im Supermarkt verschiedene Duschgels und Cremes und probierte sie auf meiner Haut aus. Wieder zeigten sich keinerlei allergische Symptome.

Nach der Heilung meines Herzens fing die körperliche Heilung an. Zuerst fiel mir eine kleine Verbesserung auf: Von meinen Fingern fiel eine Kruste ab, doch die Wunde nässte und blutete nicht mehr. Frische Haut kam zum Vorschein, es waren nur einige Zentimeter, doch ich hätte vor Freude einen Salto rückwärts schlagen können. Für mich war dies der Anfang: Wenn meine Finger besser werden konnten, dann konnte alles besser werden. Nach und nach fielen weitere Krusten ab, außerdem wuchsen meine Fingernägel wieder nach – einige waren mir ja aufgrund der vielen Fleischwunden ausgefallen. Die Haut meiner Hände wurde weicher und rosiger, die Finger beweglicher. Ich konnte nun viel leichter meine Zahnbürste festhalten, eine Seite umblättern, mit dem Schlüssel die Tür aufschließen, meinen Reißverschluss zuziehen. Endlich wurde der Alltag leichter, das Leben begann daher, mir wieder Spaß zu machen. Ich spürte: »Hallo, das Leben hat mich wieder! Zwar mit Krankheit, aber ich bin wieder da!« Und so habe ich gebetet: »Ich bitte dich, dass die Hände in einem Monat wieder vollständig heil werden!« Und nach einem Monat waren meine Hände tatsächlich vollkommen gesund! Welch eine Freude war das für mich! Jedes Mal, wenn ein weiteres kleines Stückchen Haut heil wurde, dankte ich Gott jubelnd dafür und zeigte die Fortschritte meinen Ärzten, die ich sehr schätzte.

Als Nächstes betete ich zu Gott um Heilung für mein Gesicht. Ich hätte vor Freude schreien können, als unter den Augen die Krusten langsam herabfielen und darunter junge, gesunde, rosafarbene Haut zum Vorschein kam. Ich erinnere mich, wie ich in den Spiegel schaute und zum ersten Mal merkte, dass ich ganz normale Augen hatte – zuvor waren sie ja von den ganzen Wundverkrustungen verklebt gewesen. Nun bröckelte das alles langsam herab, wie eine Maske, die ich ablegte. Mein Gesicht kam zum Vorschein. Auch hinter den Ohren nässte die Haut nicht mehr, plötzlich konnte ich mein Haar über meine Stirn streichen, ohne dass die Strähnen an Verkrustungen festhingen. Auch am Hals bildeten sich die Wunden zurück und gesunde Haut kam zum Vorschein. Nach einem Monat war mein Gesicht komplett wiederhergestellt!

Wenn ich nun in den Spiegel sah, war ich überglücklich! Welch ein Unterschied zu meiner Kindheit, wo ich mein Spiegelbild gemieden hatte, wo ich nur konnte. Nun erblickte ich einen neuen Menschen, nicht nur äußerlich, sondern auch innerlich. Ich lachte mich an und fühlte mich von Gott geliebt – er kümmerte sich um mich, er hatte eingegriffen, er heilte mich sowohl innerlich als auch äußerlich!

Die Wiederherstellung meines Gesichtes motivierte mich enorm. Plötzlich wurde ich in der Öffentlichkeit nicht mehr angestarrt wie ein Monster. Die restliche Neurodermitis war zwar noch vorhanden, aber unter meiner Kleidung verborgen. Wenn ich mich jetzt in der Öffentlichkeit bewegte, sah ich ziemlich normal aus. Im Bus wurde ich nicht mehr angegafft, auf der Straße drehte sich niemand mehr nach mir um.

Wegen meiner Krankheit war ich immer etwas Besonderes gewesen. Nun begann ich, körperlich ganz normal auszusehen und entdeckte auf neue Art meine Einzigartigkeit – ich merkte, dass ich innerlich einzigartig war, wie jeder andere Mensch auch. Meine Geschichte war und ist etwas Besonderes – wie jede Lebensgeschichte. Diese neue Individualität gefiel mir, es war ein Wahnsinnsgefühl, das ich wahrscheinlich auch ausstrahlte.

Meine Großeltern Helga und Fritz erinnern sich:

Als er aus dem Krankenhaus kam, fing der Heilungsprozess an. Sein Zustand hatte sich durch den Klinikaufenthalt zwar gebessert – vorher hatte er ja noch nicht einmal mehr richtig gehen können, weil seine Kniekehlen voller Wunden und Krusten waren. Ganz schlimm. Das war besser geworden. Aber er war noch krank und kratzte sich. Doch man sah, dass es ihm immer besser ging. Er hat sich bei uns wohlgefühlt. Wir haben ihn gerne bei uns gehabt, richtig lieb gewonnen haben wir ihn. Wir haben ihn so akzeptiert, wie er war, das hat ihm gefallen. Psychisch fühlte er sich viel wohler und auch körperlich ging es ihm langsam besser. Die roten Stellen verschwanden, der Juckreiz hörte auf. Das ist ja das Gefährliche: der Juckreiz. Deswegen hatte er sich immer gekratzt. Aber nun wurde seine Haut immer schöner – und er wirkte hoffnungsvoll und glücklich.

Die Heilung schritt voran: In den nächsten Monaten verschwanden die Wunden an den Füßen, Beinen und Kniekehlen, ich konnte die Gelenke wieder ganz normal beugen, was zuvor aufgrund der vielen Narben kaum noch möglich gewesen war. Die Krusten fielen ab, die Haut wurde wieder gesund und rein. Nach ungefähr einem halben Jahr hatte ich nirgends mehr Reizungen, die Haut am ganzen Körper war rosa und weich. Das war im Jahr 1997, ich war achtzehn Jahre alt und fühlte mich wie neugeboren. Auch die Narben verblassten immer mehr. Heute sind sie nicht mehr sichtbar.

Wer mich in dieser Zeit täglich sah, nahm den Heilungsprozess nur schleichend wahr. Da sich der Prozess nur Millimeter für Millimeter vollzog und die Heilung nicht über Nacht geschah, nahm mein direktes Umfeld die Veränderung nicht so bewusst wahr. Anders reagierten Leute, die mich nur von Zeit zu Zeit sahen und somit schlagartig vor einem völlig verwandelten Menschen standen. Das war ein richtiger »Wow«-Effekt. Sie waren begeistert und konnten es nicht fassen. Andere wiederum waren skeptisch, verstanden es nicht und hatten andere Erklärungsmodelle parat. »Das kommt wieder!«, sagten sie. Mit manchen Bekannten konnte ich darüber kein vernünftiges Gespräch führen, deshalb brachen sogar einige Kontakte ab. Aber ich ließ mich davon nicht beirren. Durch meine Krankheit hatte ich gelernt, wie es ist, wenn man nicht verstanden wird. Man kann im Leben nun mal nicht mit allen Menschen immer einer Meinung sein. Aber meine Freunde gönnten mir die Heilung aus tiefstem Herzen, sie waren schon vorher meine Freunde gewesen und sie sind es noch heute.

Für mich war und ist diese Heilung nach den vielen gescheiterten Therapien, Kuren und Behandlungsmethoden ein echtes Wunder. Und doch möchte ich mich auch bei allen meinen Ärzten bedanken, die alles für mich getan hatten. Ich fühlte mich wie der glücklichste Mensch auf Erden. Ich hatte nicht das Wunder gesucht, sondern den Wundergeber. Und er hat Großes an mir getan: Er hat sich mir selbst geschenkt – und dann zusätzlich das Wunder der Heilung! Ich hatte endlich erkannt, dass es einen liebevollen Gott gibt, der mich kranken Jungen schon die ganze Zeit meines Lebens in seinem Herzen getragen und es in Wahrheit immer schon gut mit mir gemeint hatte. Er liebt mich, und diese innere und äußere Heilung zeigt mir, wie gut Gott es mit mir meint und dass für ihn nichts unmöglich ist. Doch bevor er die Verkrustungen meines Körpers heilte, beseitigte er die Verkrustungen meines Herzens.

Ich habe in meinem Leben festgestellt, dass man sich sehr schnell an alle guten Gaben und Geschenke gewöhnt und sie als selbstverständlich hinnimmt. Doch meine Gesundheit werde ich nie als selbstverständlich hinnehmen. Auch versuche ich, mich grundsätzlich vor dieser Vergesslichkeit zu schützen, indem ich Gott täglich für all das Gute danke, das er mir gibt.

Gesundheit, Erfolg im Beruf, finanzielle Versorgung, Glück in Ehe und Familie und gelingende Beziehungen mit anderen Menschen sind brüchig und keine Selbstverständlichkeiten. Jeden Tag müssen sie wie zarte Pflanzen gehütet, bewahrt und beschützt werden und dabei hilft mir Gott. Ich bin nur der Verwalter der guten Gaben, die er mir zum Gebrauch überlässt. Nichts davon gehört mir und wenn ich sterbe, lasse ich sie zurück. Somit erkenne ich, dass ich nichts als selbstverständlich betrachten kann – und das macht mich für die guten Dinge dankbar.

Wenn ich meine Krankheitserfahrung rückblickend betrachte, dann erkenne ich: Je schwieriger die Situation war, umso dankbarer war ich für die Überwindung, umso mehr schätzte ich Gottes Größe, seine Gegenwart und Hilfe. So wurde ich demütiger und dankbarer dem Leben gegenüber. Es ist wie bei einer Bergbegehung: Je schweißtreibender der Aufstieg, desto schöner und ehrfurchtsgebietender ist der Ausblick.

Dankbarkeit ist wie ein kleiner Schatz im Herz und in der Hand. Diesen Schatz will ich bewahren und das Beste daraus machen. Er macht mich frei: Wenn ich dankbar bin für das, was ich habe, muss ich nicht ständig neidisch zu meinem Nachbarn schielen, ich muss mich nicht mit anderen vergleichen.

Ich muss den Schatz gut festhalten, darf ihn mir nicht stehlen lassen. Es ist nämlich nicht immer einfach, dankbar zu sein, tatsächlich ist Dankbarkeit ein Stück weit Arbeit an mir selbst. Manchmal kommen einem dabei Bitterkeit und Verzweiflung in die Quere. Wenn wir bitter sind, sind wir gereizter und ärgern uns schnell über kleine Dinge des Lebens. Als ich zum Beispiel einmal im Supermarkt stand und mich darüber ärgerte, dass ich so lange warten musste, erkannte ich plötzlich, dass ich die Zeit stattdessen positiv nutzen konnte, indem ich darüber nachdachte, wofür ich in diesem Moment gerade dankbar war. Plötzlich war ich schon bis zur Kasse aufgerückt und es war Zeit zu zahlen. Die Minuten waren vergangen und ich hatte sie sinnvoll genutzt.

Natürlich muss ich nicht für meine Probleme dankbar sein. Aber ich kann fast immer Dinge finden, für die ich wirklich dankbar bin. Es ist immer besser, eine dankbare und positive Einstellung zu haben als eine negative.

Nach meiner Heilung sah ich überall nur noch Perspektiven. Das ganze Leben lag vor mir, ausgebreitet wie ein einziges großes Versprechen. Wenn man so weit unten war wie ich, weiß man die vielen kleinen positiven Dinge im Leben ganz besonders zu schätzen. Ich erfreute mich an allen guten Dingen und war für sie dankbar, ich bat Gott, mir einen Blick für Chancen zu schenken, und plötzlich sah ich überall Wege und Möglichkeiten. Jeden Tag, wenn ich aufstand, hatte ich das Gefühl, nach vorne zu preschen. Das geht mir bis heute so, das ist für mich das schönste Gefühl auf der Welt.

Ein völliger Neuanfang

> Wer eine Hand an den Pflug legt und dann zurückschaut, ist nicht geeignet für das Reich Gottes.
>
> *Lukasevangelium 9,62*

Ein völlig

Nach dieser wunderbaren Heilung verwandelte sich mein Leben vollständig. Schmerzen und Entstellungen gehörten der Vergangenheit an. Dadurch änderte sich mein Alltag. Das zeigte sich an vielen Kleinigkeiten und Gewohnheiten. Früher hatte ich ja sehr früh aufstehen müssen, wenn ich mich vor der Schule duschen wollte. Das hatte nun ein Ende. Ich stand zwar wieder früh auf – war zu meiner eigenen Überraschung jedoch schon nach kürzester Zeit fertig. Der prickelnde Wasserstrahl war ein Genuss für mich und nicht mehr eine Qual auf meiner Haut. Danach cremte ich mich kurz ein, das war's. So begann bereits der Morgen auf eine ganz neue Weise. Die beschwerlichen und schmerzhaften Prozeduren gehörten der Vergangenheit an. Ich hätte jauchzen und die ganze Welt umarmen können vor Freude. Ich fühlte mich wie neugeboren, jeder Tag war ein Geschenk, dieses erste Jahr nach der Heilung war das glücklichste Jahr meines Lebens. Wie ein Schmetterling, der sich aus einem alten, trockenen und rissigen Kokon befreit hat und davonfliegt, so hatte ich meine alten Verkrustungen abgelegt und startete in mein neues Leben.

Ich konnte mich ganz normal in der Öffentlichkeit bewegen, ging ohne Schmerzen spazieren, setzte mich einfach auf eine Bank und ließ mir die Sonne ins Gesicht scheinen. Ich aß, was mir schmeckte, und tue es bis heute, die Allergien sind vorbei. Spezielle Cremes, Medikamente und Therapien brauchte ich nicht mehr. »Carpe diem« – »nutze den Tag!«, wie oft hatte ich davon in Ratgebern gelesen, jetzt setzte ich es um. Ich meldete mich im Fitnesscenter an, trainierte eifrig, fuhr Fahrrad, ging schwimmen. Ich besuchte sogar die Sauna – niemand starrte mich mehr an, meine Haut sah ganz normal aus. Wer hätte sich das zuvor vorstellen können! Dadurch fühlte ich mich auch noch stärker in meinen Freundeskreis integriert. Sie hatten zwar auch vorher zu mir gestanden, doch nun konnten wir alles gemeinsam unternehmen und dies verband uns noch mehr. Viele Kleinigkeiten waren endlich problemlos möglich, zum Beispiel in ein Café zu gehen und eine Cola zu trinken. Stutenmilch und Kefir gehörten der Vergangenheit an.

Die Ärzte staunten, als sie mich nach meiner Heilung erblickten. »Das ist eine wunderbare Heilung«, hörte ich sie sagen. Sie freuten sich sehr für mich. Wer mich von früher kannte, konnte es kaum glauben. Verwandte und Bekannte fragten mich oft: »Alexander, was hast du gemacht?« Sie reagierten jedoch ein wenig irritiert, als ich antwortete: »Nichts Besonderes.«

Häufig hörte ich ein »Ja, aber ...«. Rational erklären konnte es sich jedoch niemand, wie diese Krankheit innerhalb eines halben Jahres einfach verschwinden konnte.

Viele meiner Freunde und Verwandten befürchteten einen Rückfall. Sie brachten mir Informationen und Artikel mit, in denen stand, dass es auch andere Fälle von Genesung bei Neurodermitis gegeben habe, aber immer nur vorübergehend, nach einer gewissen Zeit sei die Krankheit zurückgekehrt.

Doch ich fürchtete nicht ernsthaft einen Rückfall. Wenn Ängste mir meine Zuversicht rauben wollten, gab ich sie sofort an Gott ab. Ich wollte auf keinen Fall, dass sie mir meine Hoffnung zerstörten. Natürlich meldeten sich die Ängste und Zweifel zwischendurch immer mal wieder kurz zurück. Auch heute noch erlebe ich Zweifel – wie wahrscheinlich die meisten anderen Menschen auch. Heute drehen sie sich jedoch nicht mehr um die Angst vor einem Krankheitsrückfall, sondern um verschiedene Dinge, auf die ich hoffe. Es ist der Zweifel, ob die Hoffnung, die ich in mir trage, tatsächlich real wird. Doch dieser Zweifel ist im Grunde genommen eine Beschränkung, die ich mir selbst setze, und kann somit meine Zukunft formen, wenn ich ihn zulasse. Zweifel gibt es oft. Aber je weniger ich diesen Zweifeln hinterherjage, desto bedeutungsloser werden sie.

Ich habe erkannt, dass, wenn ich in Panik gerate oder ins Zweifeln komme, ich mir das Leben selbst schwer mache – ähnlich wie ein Mensch, der droht zu ertrinken: Ein Rettungsschwimmer möchte ihn aus dem Wasser schleppen, doch dazu muss sich der Ertrinkende ruhig ins Wasser legen. Aber der Ertrinkende hat nicht das Vertrauen, dass der Rettungsschwimmer ihm tatsächlich helfen kann. Darum strampelt und zappelt er. Dadurch wird es für den Rettungsschwimmer immer schwieriger, den Mann lebendig ans Ufer zu bringen.

Dieses Zappeln, dieses Schreien, diese Hysterie macht die Rettung schwieriger. So ist es auch bei Gott und mir. Wenn ich ihm vertraue und wenn ich ihm mein Herz gebe, kann ich mich vertrauensvoll dorthin ziehen lassen, wo er mich gerne hätte.

Auch damals wollte ich ruhig bleiben und den Zweifeln nicht hinterherjagen, deshalb antwortete ich skeptischen Bekannten auf ihre Einwände: »Ich will nicht darüber reden, für mich hat sich das jetzt erledigt.« Ich hielt mich an Jesu Worten am Kreuz fest: »Es ist vollbracht.« Vollbracht ist vollbracht, aus, Ende, Schlussstrich.

Mittlerweile sind seit meiner Heilung fünfzehn Jahre vergangen und es hat nicht einen einzigen Rückfall gegeben.

Während des Heilungsprozesses sprach ich kaum mit jemandem darüber, dass es Gott sein könnte, der die Heilung bewirkte. Nur meinem Onkel gegenüber sagte ich: »Ich habe dafür gebetet.« Aber anderen Menschen gegenüber behielt ich diese Tatsache für mich. Es war alles noch zu frisch, zu ungewohnt, ich wagte noch nicht, darüber zu sprechen. Vielleicht fürchtete ich, dass man mir nicht glauben würde.

Später traute ich mich mehr, darüber zu sprechen. Manche Freunde und Verwandte konnten jedoch meinen Glaubensweg, den ich schon seit längerer Zeit gegangen war, nicht nachvollziehen. Manchem wäre es lieber gewesen, wenn meine Genesung von etwas anderem hergerührt hätte. Dass es Gott gewesen sein sollte, war nicht jedem geheuer. Und dann auch noch einfach so, geschenkt, ohne dass man etwas dafür bezahlen oder leisten musste, ohne dass man auf den Knien einen Berg hinaufrobben oder andere seltsame Zeremonien vollziehen musste. Aber meine Heilung war eine Tatsache, und selbst einige meiner Freunde, die nicht an Gott glaubten, sagten: »Das ist ein Wunder.«

Dabei möchte ich sagen, dass ich nicht ein Wunder gesucht habe, sondern den Gott, der Wunder tut. Ich wollte eine Beziehung zu ihm, unabhängig davon, ob ich nun krank oder gesund war. Ich kenne jemanden, der seit zwanzig Jahren krank ist, noch nicht geheilt wurde und trotzdem fest an Gott glaubt. Wir können Gott nicht in die Karten schauen, man weiß von außen betrachtet nicht, welchen Weg er individuell mit jedem einzelnen Menschen geht. Trotzdem bin ich fest davon überzeugt, dass er nur Gutes für seine Kinder will. So habe ich es letztendlich auch erlebt, obwohl ich durch die Krankheit meine Kindheit und Jugend vollständig verloren habe.

Das Ausschlaggebende für meinen Glauben ist nicht meine körperliche Heilung, sondern die Heilung meines Herzens. Die Heilung selbst ist für mich zwar ein Wunder, doch ich weiß, dass sie nicht als ein allgemeingültiger Beweis für die Existenz Gottes angesehen werden kann. Denn für einen Beweis braucht es jemanden, der bereit ist, es als einen Beweis zu sehen. Manche finden andere Erklärungen für meine Heilung. In meinem Umfeld wurden auch nicht plötzlich alle Menschen gläubig, nachdem sie meine Heilung miterlebten. Ich glaube, um etwas als einen Beweis für Gott anzuerkennen, muss man mit dem Herzen sehen lernen. Das ist vielleicht auch der Grund dafür, dass Gott zuerst mein Herz heilte, denn das war letztendlich wichtiger. Wenn er mich nur körperlich geheilt hätte, wäre ich möglicherweise später wieder vom Glauben abgefallen, weil ich mir gesagt hätte: »Ach, das ist eben einfach so passiert, dafür gibt es vielleicht andere Ursachen, das war nicht Gott.« Doch mit den Augen meines Herzens kann ich sehen, dass es Gott war, der mir diese Heilung geschenkt hat.

Ich spreche von echter Heilung, nicht von einer Linderung. Ich kenne Neurodermitiker, deren Symptome gelindert wurden, aber ich weiß auch, welche Regeln sie einhalten müssen, damit es so bleibt: Sie müssen allergieerzeugende Stoffe meiden, auf viele Nahrungsmittel verzichten, sie benötigen weiterhin spezielle Cremes, Tabletten und Medikamente. Sie achten auf Strahlungen, meiden Chlorwasser, hüten sich vor Stress. Ihr ganzes Leben ist vollkommen reglementiert. Das ist bei mir überhaupt nicht so. Ich halte keine Regeln ein: Ich esse, was ich will, ich tue, was ich will, ich brauche keinerlei Medikamente oder andere Heilmittel mehr. Mittlerweile arbeite ich sogar zwölf bis vierzehn Stunden am Tag. Ich werde beruflich sehr gefordert und stehe somit auch unter starkem Stress, aber das beeinträchtigt mich nicht, meine Haut ist vollkommen gesund geblieben.

Neurodermitis gilt als unheilbar – aber ich glaube, ich wurde geheilt. Und dafür danke ich Gott.

Was andere über meine Heilung denken

Meine Mutter:
So wie er zuletzt ausgeschaut hat, bevor er ins Krankenhaus kam – da hat niemand mehr von Heilung gesprochen, auch nicht die Ärzte. Ich dachte mir: Wenn das noch ärger wird, dann stirbt mir mein Kind weg. Die ganzen offenen Stellen waren ja auch gefährlich. Er hätte sich eine schwere Infektion holen können. Im Krankenhaus waren sie über sein Aussehen entsetzt, weil sein Zustand so extrem war. Nach seinem Krankenhausaufenthalt ist er ja von zu Hause ausgezogen und ich glaube, das war besser für uns alle. Einerseits tat er uns leid, aber wir wussten auch nicht mehr weiter, wir waren von der ganzen Situation überfordert. Wir hatten so viel Streit in der Familie, weil sich alles um ihn drehen musste. Aber wir waren als Menschen mit unserem Leben auch noch da. Als er auszog, kehrte für uns alle Ruhe ein und dadurch hat sich später auch unser Verhältnis miteinander wieder gebessert, wir haben über alles geredet und konnten uns aussprechen. Wahrscheinlich hat ihm die Ruhe bei meinen Eltern gutgetan und deswegen ist es ihm auch körperlich besser gegangen. Ich habe den Heilungsprozess nur aus der Ferne mitbekommen, aber ich war froh darüber. »Gott sei Dank«, habe ich mir gedacht, »ihm geht's besser, mir geht's besser.« Ich weiß nicht, warum er gesund geworden ist. Vielleicht war es Hilfe von oben, vielleicht war es der Glaube. Ich selbst bin nicht christlich gläubig. Vielleicht ist die Krankheit einfach verschwunden, weil der Stress nachgelassen hat. Eines weiß ich aber: Aus meiner Sicht ist er komplett gesund.

Mein Vater:
Ich habe von dieser ganzen Heilpraktikersache und von der Esoterik nichts gehalten. Und zu Hause ging es ihm schlecht. Ich glaube, als er ins Krankenhaus kam, ist es mit ihm rapide bergauf gegangen. In der Zeit danach ging es ihm psychisch besser. Das wird wohl der Grund für seine Heilung gewesen sein. Der Glaube hat ihm wahrscheinlich auch seelisch geholfen. Ich selber habe keine Verbindung zur Kirche. Wahrscheinlich tut es einem Menschen gut, wenn er sich im Glauben an etwas festhalten kann. Wenn er glaubt, hat er Gott, zu dem er reden kann, das hilft wahrscheinlich. Diese Krankheit hatte bestimmt viel mit der Psyche zu tun.

Meine Großmutter Helga:
Ich glaube, es ist mit ihm besser geworden, weil es ihm bei uns gefallen hat. Aber wenn die Krankheit als unheilbar gilt, dann ist es wohl Gott gewesen, der heilt. Ich denke, es war die ganze bessere Lebensweise, die er gehabt hat, und dann war da vielleicht auch Gott mit im Spiel. Ich selbst bin aber nicht gläubig, aber man kennt ja solche Geschichten über Heilungen auch aus dem Fernsehen. Ja, das kann Gott gewesen sein, ich weiß nicht.

Mein Großvater Fritz:
Ich bin gläubig und ich glaube, dass Gott ihn geheilt hat. Ich glaube nicht, dass Alexanders Heilung durch Medikamente passiert ist. Gott hilft auf zweierlei Art: durch seine Kraft und durch seine Lehren, die er uns durch Jesus Christus gegeben hat. Durch seine Lehren hat er bei Alexander bewirkt, dass sich das Umfeld für ihn verbessert hat und eine Heilung leichter möglich ist. Es gibt ein geistliches Prinzip: Sage das Gute und nicht das Schlechte. Worte haben Wirkung.

Mein Freund Andreas:
Ich habe den Heilungsprozess lange nicht wahrgenommen, weil ich Alexander als Menschen gesehen und die Krankheit nicht so beachtet habe. Es war ein schleichender Prozess, irgendwann hat man dann bemerkt, dass alles weg ist. Heute glaube ich, dass er durch

Gott gesund geworden ist. Vom Medizinischen her war ja alles schon ausgeschöpft, und die Heiler und Schamanen haben auch nichts bei ihm bewirken können. Daher glaube ich, dass Gott dahintersteckt. Damals habe ich darüber allerdings nicht nachgedacht. Ich war auch noch nicht gläubig. Doch später habe ich mich viel mit Alexander darüber unterhalten. Und heute glaube ich auch an Gott, wir gehen sonntags in denselben Gottesdienst.

Mein Freund Günther:
Alexander hatte vor seiner Heilung eigentlich kein so gutes Verhältnis zu Gott. Er sagte: »Wenn es einen Gott gibt, dann muss er auf die Erde kommen und sich bei mir entschuldigen.« Aber ich erinnere mich, dass er nach dem Krankenhausaufenthalt sagte: »Ich habe so viel probiert – warum soll ich es nicht einmal mit Gott probieren?« Dann meinte er, dass er es jetzt »drauf ankommen lässt«. Er nahm seine Tabletten nicht und spülte sie in die Toilette. Dann sagte er: »Wollen mal sehen, ob ich morgen noch aufstehe.« Und er stand auf. Daraufhin sagte er: »Okay, das habe ich überlebt, dann gehe ich heute schwimmen. Punkt.« Und dann ging er baden, auch wenn es Stunden dauerte, bis er endlich vollständig im Wasser war.

Er tat so ziemlich alles, was er nicht hätte tun dürfen: Coca Cola trinken, in die Sauna gehen, sich sportlich betätigen. Es wurde langsam besser mit ihm. Das hat Monate gedauert, vielleicht sogar ein bis zwei Jahre, ich weiß es nicht mehr genau. Es war ein echtes Highlight, das mit anzusehen. Man hat im Gesicht gemerkt, dass es stückweise besser geworden ist, dann hatte er nur noch gewisse Partien, wo es Flecken und Wunden gab, das ist ganz langsam immer besser geworden.

Wir als Clique haben gemerkt: Wow, der Alexander ist jetzt richtig einer von uns, er macht alles mit. Wir hatten sehr viel Spaß mit ihm. Ich habe dieses Wunder, wenn man es so nennen will, zwar live erleben können, aber ich habe es nicht erkannt. Das ist ungefähr so, als wenn man seinem Kind beim Wachsen zuschauen will, das funktioniert nicht. Irgendwann sind die Kinder größer, es passiert einfach. Ähnlich war es mit Alexanders Heilung.

Alexander war nicht der große »Gotterzähler« in dem Sinne, dass er damit geprahlt hat, dass Gott ihn gesund gemacht hat. Er formulierte es immer neutral: »Ja, es ist so. Ich habe mit Gott einen Deal. Wenn er mich gesund macht, dann werde ich irgendwann seine Botschaft erzählen.« Er hat ja auch wirklich stundenlang gebetet, richtige Gespräche hat er mit Gott geführt.

Seitdem ich bei Alexander den Verlauf seines Lebens mitverfolgt habe, glaube ich an einen Gott, der absolut allmächtig sein muss. Ich bin aber keiner Glaubensgemeinschaft zugehörig. Ich selber würde mich als »Freigläubiger« bezeichnen, wenn man das so nennen darf. Ich gehe weder in die Kirche noch besuche ich Gottesdienste. Gott und ich haben eine ganz spezielle Beziehung und Alexander war die Vermittlungsagentur.

Ich habe viel über sogenannte Wunder gehört, gesehen oder gelesen, da ich aber ein überaus skeptischer Mensch bin, musste ich das schon »live« sehen, spüren oder fühlen. David Copperfield vollbringt ja auch Wunder. Aber es gibt einen gewaltigen Unterschied zwischen der Magie, ein Flugzeug scheinbar verschwinden zu lassen, und der Kraft, einen Menschen von einer als unheilbar anerkannten Krankheit zu heilen.

Wenn man Alexanders Lebenslauf von der Krankheit bis zur kompletten Heilung in einen sechzigminütigen Film packen könnte, würde ich in diesen 60 Minuten mindestens 45 Minuten mit staunenden Augen und offenem Mund regungslos dasitzen. Es war für mich das Wahrhaftigste und Unglaublichste, was ich bis dato erleben durfte in meinem Leben. Für mich war es der Auslöser, überhaupt ernsthaft über Gott nachzudenken, und dafür bin ich dankbar. Wenn es einen Menschen gibt, der an echte Wunder Gottes glauben kann, dann ist das Alexander. Der aber glaubt nicht nur an Wunder, sondern eher an einen Wundergeber, der, wie er immer sagt, ihn über alles liebt.

Mir ist bewusst, dass nicht jeder Mensch nach Gebeten von seiner Krankheit geheilt wird. Ich kann auf die Frage nach dem »Warum« keine Antworten geben. Ich halte diese Frage für eine der schwierigsten auf der Welt, ich konnte sie mir während meiner

Krankheit auch nicht beantworten. Diese Frage kann schlimmer sein als die Krankheit selbst. Ich bin nicht Gott, nur er kann darauf eine Antwort geben. Aber ich weiß, dass diese Frage die Hoffnung zerstören kann und dass Hoffnungslosigkeit einen Menschen in den Abgrund reißen kann. Es ist ein Teufelskreis: Wenn ich keine Hoffnung mehr habe, verschließe ich die Augen davor, dass Gott gute Gedanken über mein Leben hat, und ich werde noch hoffnungsloser.

Doch im Glauben habe ich gelernt: Ich will und darf die Hoffnung nicht aufgeben, dass Gott gute Gedanken über mich hat und aus meinem Leben trotz allem das Beste machen will, auch dann, wenn ich selbst meine Situation nicht verstehe. Diese Überzeugung ist nichts anderes als Hoffnung. Ich habe dann Hoffnung, wenn ich glaube, dass mir Gutes widerfahren wird. Nur durch die Hoffnung treten zwei Menschen vor einen Altar und heiraten. Nur durch die Hoffnung schenken wir jemandem unsere Liebe, ohne die Gewissheit zu haben, dass wir zurückgeliebt werden. Nur durch die Hoffnung bewerben wir uns auf einen Job, obwohl wir nicht wissen, wie lange wir dort arbeiten werden. Es ist die Hoffnung, die uns trägt und Brücken bauen lässt: Weil wir daran glauben, dass in der nächsten Generation Millionen von Autos über diese Brücke fahren werden. Wenn man Hoffnung in sich trägt, kann man auf der Welt sehr viel bewegen.

Hoffnung ist wie Sauerstoff. Man sieht sie nicht, aber man braucht sie, um leben zu können. Man kann sie nicht beweisen, man kann sie nicht ertasten. Aber sie ist da und gibt uns Kraft. Wenn wir den Sauerstoff nicht hätten, würden wir sterben. Und wenn wir ohne Hoffnung durchs Leben gehen, dann werden wir zu leblosen Wesen.

Während meiner Krankheit war ich lange Zeit hoffnungslos. Diese Hoffnungslosigkeit setzte mich unter enormen psychischen Druck und machte mich extrem niedergeschlagen. Wenn man ohne Hoffnung ist, kommt es einem vor, als würde der Kopf zerplatzen. Man kann sich gar nicht vorstellen, dass das Leben auch anders sein könnte. Man hat das Gefühl: Die ganze Welt ist gegen mich. Man beschäftigt sich fortwährend mit quälenden Fragen: »Warum ausgerechnet ich? Wozu ist das alles gut? Warum gibt es einen Gott, wenn er ja doch nicht eingreift? Warum hilft er mir nicht?« Aber diese ganzen Warum-Fragen bringen uns im Leben nicht weiter.

Genauso wenig kommen wir weiter, wenn wir um unsere Probleme kreisen. Man kann sich so auf ein Problem konzentrieren, dass man nichts anderes mehr im Leben wahrnimmt. Jeder Mensch kennt das: Wenn wir an einem Tag eine bestimmte Mütze tragen, dann sehen wir den ganzen Tag lang nur Menschen mit solchen Mützen. Dasselbe Phänomen tritt auf, wenn man sich ständig auf seine Probleme oder Krankheiten konzentriert. Dann sieht man ständig nur, was einem im Leben fehlt. Diese Sichtweise begräbt die Hoffnung. Es ist nicht immer wichtig, was ich gerade sehe, sondern wichtiger ist, mit welchen Augen ich es sehe. Wenn ich die Umstände mit den Augen der Hoffnung sehe, dann bewerte ich sie anders, dann weiß ich, dass es noch mehr gibt als das, was ich gerade sehe.

Ich selbst hatte keine Hoffnung mehr, aber Gott pflanzte mir Hoffnung ins Herz, als ich mir das Leben nehmen wollte. Somit nahm er mein Leben in seine Hand, damit ich weitergehen konnte. Ich glaube, dass es immer Hoffnung gibt und dass mir Hilfe manchmal auf eine Art und Weise angeboten wird, die ich nicht erwartet hätte. Um das zu erkennen, braucht es offene Augen, Ohren und Herzen. Geben wir die Hoffnung darum nie auf. – »Aufgeben tut man nur einen Brief«, wie mir mein Arzt immer wieder aufmunternd gesagt hatte.

Ich will nichts schönreden, nach dem Motto: »Du bist gelähmt und trotzdem ist dein Leben spitze.« Von solchen Äußerungen halte ich nichts. Aber ich glaube daran, dass man selbst aus den schwierigsten Situationen heraus etwas Positives bewirken kann. Man kann zum Beispiel andere Menschen ermutigen. Der frühere »Superman«-Darsteller Christopher Reeve mag dafür ein Beispiel sein. Bei einem Reitunfall brach er sich den Hals und war querschnittsgelähmt, fortan musste er im Rollstuhl sitzen. Er setzte sich dafür ein, dass Therapien für Behinderte entwickelt wurden. 2004 starb er, ohne geheilt worden zu sein. Trotzdem setzte er mit seinem Engagement ein Hoffnungszeichen – er wurde dadurch auf gewisse Art zu einem »Supermann jenseits der Leinwand« und als solcher ist er vielen Menschen wahrscheinlich in Erinnerung geblieben. Nick Vujicic wurde ohne Arme und Beine geboren. Nachdem er als Kind und Jugendlicher eine Weile mit seinem Schicksal gehadert hatte, erkannte er, dass er – gerade wegen seiner Behinderung – andere Menschen besonders gut ermutigen kann. Mittlerweile ist er ein gefragter Motivationsredner und Buchautor.

Es ließen sich noch andere Beispiele von nicht geheilten Personen finden, die einen Beitrag für andere Menschen leisten. Man muss nicht gleich Bücher schreiben oder Kampagnen ins Leben rufen. Man kann sich auch nur um einen einzigen anderen Menschen kümmern. Jeder Beitrag ist wichtig. Das Glück, das ich verschenke, wird zu mir selbst zurückkehren: Wenn ich spüre, dass ich anderen Menschen gut tue, dann habe ich auch selbst etwas davon.

Natürlich gibt es Schmerzen, innere wie äußere. Ich habe mich lange von ihnen gefangen nehmen lassen. Sie zogen mich nach unten, in die Verzweiflung. Wenn ich den Blick aber nach außen wende, von mir selbst fort und auch den anderen Menschen in seiner Not sehe, dann relativiert dies meine Sicht auf meine eigene Situation. Vielleicht kann ich trotz meiner eigenen schwierigen Lage dazu beitragen, dass es einem anderen Menschen besser geht und diese Welt dadurch ein wenig heller wird.

Ich habe aufgehört, mich in meinem Leben in Schwierigkeiten hineinzusteigern. Letztendlich ist alles relativ, vieles könnte schlimmer sein, als es aktuell ist. Ich glaube, dass das Leben von jedem Menschen etwas erwartet und dass jeder Mensch wertvoll ist. Wenn ich mir dessen bewusst bin, geht es im Leben bergauf, auch wenn mir nicht alle Wünsche und Hoffnungen erfüllt werden.

Mein zweites Leben

So segnete der Herr Hiobs weitere Lebenszeit
noch viel mehr als sein vorheriges Leben.

Hiob 42,12

Mein zw

Nach meiner Heilung verspürte ich einen enormen Nachholbedarf. Ich wollte das Leben genießen. In meinem Herzen war verankert, dass es Gott freut, wenn er uns segnen kann. Diesem Segen jagte ich hinterher, diese Lebendigkeit in mir erfüllte mich. Ich trat dem Leben positiv und voller Tatendrang entgegen und wollte Gott alle meine Fähigkeiten, Talente, Stärken, aber ebenso meine Schwächen zur Verfügung stellen. Ich war einer, der gesund geworden war und nun endlich am Leben Anteil hatte, durch die Hilfe und die Gnade meines großen Gottes.

Mein Freund Günther erinnert sich:

Als Alexander aufgeblüht ist, da hat unsere Freundschaft wahrscheinlich so richtig angefangen. Er war ein totaler Lebemensch. Man kann ja sagen, dass er seine Kindheit und Jugend mehr oder weniger verloren hat und nun war er voll extremen Tatendrangs. Für ihn gab es keine Ruhepausen mehr, ich glaube, bis heute schläft er nur vier, fünf Stunden in der Nacht, weil er Angst hat, sein Leben zu verschlafen. Wir lebten einfach nach dem Motto: »Carpe diem – nutze den Tag.« Eine Weile fürchtete er nämlich, es könne Rückfälle geben, aber sie traten nie ein. Alexander hat von Gott eine zweite Chance bekommen und er nutzte sie intensiv.

Mein Freund Andreas erinnert sich:

Als es Alexander immer besser ging, waren wir ziemlich viel mit ihm unterwegs, unsere Freundschaft wurde enger. Wir sind gemeinsam in den Urlaub gefahren, haben Freunde besucht, das Leben genossen. Fast täglich haben wir etwas gemeinsam unternommen und abends noch miteinander telefoniert. Zuerst hatte er noch wunde Stellen, rote Flecken und Ähnliches. Manche Leute waren dann noch distanziert, aber das hat mich nicht gestört. Wir hatten einfach eine gute Zeit miteinander. Als er dann völlig gesund geworden war, hat sich auch das mit den Mädchen geändert. Die haben plötzlich gesagt: »Ey, das ist ja eigentlich ein hübscher Kerl.« Da hat er gemerkt, dass er auf andere Menschen attraktiv wirken kann. Er ist einfach selbstsicherer und offener geworden, seine Unsicherheit, die er vorher hatte, hörte auf. Es war immer lustig mit uns, wir haben einen ähnlichen Humor und haben uns prächtig unterhalten, das hat wahrscheinlich andere Leute positiv angesteckt. Ich glaube sagen zu können, dass wir daher beide bei den Menschen beliebt waren. Ich glaube, diese guten Veränderungen haben ihm irrsinnig Kraft gegeben.

Irgendwann fiel mir auf, dass er in unsere Urlaube die Bibel mitnahm und darin las. So kamen wir über den Glauben ins Gespräch. Aber er war in dieser Beziehung nicht aufdringlich. Er versuchte, seinen Glauben nicht in erster Linie auf die Heilung zu beziehen, denn er wollte verhindern, dass die Leute sagen: »Er ist nur wegen seiner Heilung gläubig geworden. Deswegen glaubt er jetzt diesen Blödsinn.« Er hat immer versucht, den Schwerpunkt auf den Glauben zu legen und nicht auf seine Heilung.

Als Mensch veränderte sich Alexander nach der Genesung auch dahin gehend, dass ihm die berufliche Zukunft plötzlich wichtig wurde. Das hatte vorher für ihn keine große Rolle gespielt. Seine Gärtnerlehre hatte ihm nicht wirklich Spaß gemacht, die Arbeit war früher eher Mittel zum Zweck. Aber als er gesund geworden war, suchte er neu seinen Weg.

Ich war im Unklaren, was ich beruflich machen sollte. Meine Schulzeugnisse waren schlecht, was sollte ich in meinen Bewerbungen vorweisen? Sollte ich etwa schreiben: »Ich habe zwar nur Fünfen im Zeugnis, verbrachte meine Kindheit und Jugend alleine in meinem Zimmer, habe noch nie etwas selbstständig organisiert, aber trotzdem bin ich der Richtige für Ihr Unternehmen«?

So nahm ich einige Gelegenheitsjobs an, arbeitete unter anderem für eine Catering-Firma und trug frühmorgens um drei Uhr Zeitungen aus. Schließlich bewarb ich mich für ein freiwilliges soziales Jahr. Ich wollte anderen Menschen etwas Gutes tun, sie beraten und begleiten – und suchte mir dafür eine Stelle in einer

Behindertenwerkstatt aus. Dort betreute ich drei Männer: Ich ging mit ihnen zur Reittherapie, zum Einkaufen, half ihnen beim Basteln und begleitete sie auf die Toilette. Nach dem Jahr bewarb ich mich im sozialen Bereich, doch ich wurde nicht genommen. Meine Enttäuschung darüber war groß. Hatte ich mich in meiner Berufung geirrt? Im Nachhinein betrachtet, bin ich erleichtert, dass ich nicht genommen wurde. Ich glaube, andere Menschen sind für den sozialen Bereich geeigneter als ich – der Berufsweg, den ich später einschlug, passt viel besser zu mir. Damals war mir das noch nicht klar und ich blickte ratlos in die Zukunft.

Ungefähr ein, zwei Jahre nach meiner Heilung, als die erste große Euphorie über meine Genesung am Abklingen war, setzten Zweifel und Ängste ein. Meine Voraussetzungen waren nicht besser geworden: Ich hatte keinen höheren Schulabschluss und keinen Job. Die zehnte Klasse hatte ich nicht geschafft. Meine Gärtnerlehre hatte ich abgebrochen. Als ich krank gewesen war, hatten immer andere Menschen für mich gesorgt und mir alltägliche Aufgaben abgenommen. Deshalb hatte ich nie etwas selbstständig organisiert, hatte nie ein Konto auf der Bank eröffnet, nie alleine einen Arzttermin vereinbart, mich noch nie um eine Versicherung gekümmert.

Das ließ mir keine Ruhe, ich wollte endlich etwas aus meinem Leben machen. Ich musste lernen, mir in den Dingen, die ich anpackte, selbst treu zu bleiben. Lange Zeit dachte ich, ich müsste so werden wie dieser oder jener Mensch, genauso aussehen oder genauso arbeiten wie er, genauso handeln oder genauso sprechen. Doch dann wurde mir klar, dass mein Lebensweg nicht mit dem der anderen vergleichbar war. Ich musste also lernen, mein eigenes Tempo und meinen eigenen Weg zu finden. Ich musste erst wegschauen von anderen, in mich hineinhören und fragen: »Was hält das Leben für mich bereit? Was ist meine Herausforderung? Was muss ich anpacken? Wo ist mein Platz in meinem Leben? Wo stehe ich? Was macht mir Freude?«

Eines Morgens, als ich die Zeitungsanzeigen durchsah, stieß ich auf die Ausschreibung einer Praktikumsstelle bei einer Weiterbildungsakademie. Menschen beraten und weiterbilden – das war genau das, was ich gerne machen wollte. Sofort kringelte ich die Anzeige mit meinem Kuli ein. Dann lehnte ich mich zurück und atmete tief durch. Hatte ich überhaupt irgendeine Chance auf dieses Praktikum? Mit meinen Noten? Mit einer abgebrochenen Lehre? »Vergiss es«, sagte eine Stimme in mir, »die Mühe brauchst du dir gar nicht erst zu machen!« Trotzdem stand ich auf, ging nach oben in mein Zimmer, schaltete meinen Computer an und begann, meine Bewerbung zu tippen. »Sehr geehrte Damen und Herren, hiermit bewerbe ich mich auf …« Ich löschte den Satz wieder, tippte einen neuen Text ein, druckte ihn aus, zerriss das Papier wieder, stand auf, lief umher und versuchte, meine Gedanken in eine Reihenfolge zu bringen. Ich wusste, dass ich Angst vor einer Absage hatte, ich wollte nicht wieder enttäuscht werden. Doch eine Enttäuschung zu vermeiden, indem ich erst gar keinen Versuch unternahm, war der feige Weg. Es war der bequeme Weg und der falsche Weg, das war mir klar. Also würde ich es zumindest versuchen. Ich setzte mich wieder, tippte los und schickte die Bewerbung am Nachmittag ab. In der folgenden Woche hielt ich jeden Tag Ausschau nach dem Briefträger, bis ich schließlich tatsächlich eine Antwort in den Händen hielt: eine Einladung zum Vorstellungsgespräch! Ich konnte mein Glück kaum fassen. Nervös wartete ich nun in der Firma vor der Bürotür des Personalchefs darauf, hereingebeten zu werden. Mein Herz schlug mir bis zum Hals. Ich betete und versuchte mich an all die Bücher zu erinnern, die ich über Bewerbungen gelesen hatte. Als ich ins Büro gerufen wurde, betrat ich den Raum mit zitternden Knien und setzte mich vorsichtig auf den Stuhl. Der Personalchef, ein grauhaariger Mann mit Krawatte, saß mir gegenüber, faltete die Hände vor sich auf dem Tisch und begann, mir Fragen zu stellen. Ich räusperte mich und antwortete. Zu meiner eigenen Überraschung schien ich einen guten Eindruck zu machen, ich fühlte mich plötzlich ruhig, gab bedachte Antworten und strahlte Optimismus aus. Am Ende des Gesprächs sagte der Personalchef: »Herr Egger, ich bin sehr beeindruckt von Ihnen. Junge Männer wie Sie gibt es selten. Ich werde Sie auf jeden Fall anrufen.« Er nickte mir zu und gab mir zum Abschied die Hand. Ich konnte es nicht glauben. Er war beeindruckt von mir! Als ich an die frische Luft trat, hätte ich jubeln können. Ich hatte mich etwas getraut, war über meinen Schatten gesprungen – und hatte gesiegt! Freudestrahlend erzählte ich meinen Großeltern, dass ich bald einen Anruf bekommen würde. Vorsorglich legte ich mir am Nachmittag das Telefon in mein Zimmer. Den ganzen Nachmittag wartete ich auf den Anruf, am nächsten Tag wartete ich auf den Anruf. Die ganze Woche wartete ich. Der Anruf kam nie. Ich hatte so große Hoffnungen in diese Stelle gesetzt und nun hatte man mich eiskalt abblitzen lassen. Natürlich hatte es so kommen müssen. Wie hätte mir auch etwas anderes passieren können? Ich zweifelte, ob ich überhaupt jemals eine Anstellung finden würde. Besonders negativ hallten die Worte meiner ehemaligen Lehrerin in mir nach, die behauptet hatte, dass aus mir nichts werden würde. Vielleicht hatte sie doch recht. »Vielleicht bringe ich wirklich nichts zustande, habe keinen Willen, keine Bereitschaft, etwas zu schaffen. Und darum werde ich nie erfolgreich sein.« In solchen Momenten erkannte ich, dass mich Denk- und Verhaltensmuster, wie ich sie aus der Zeit meiner Krankheit kannte, weiterhin lähmen konnten.

Als ich merkte, dass sich die negativen Gedanken immer tiefer in mich hineinfraßen, musste ich innerlich intensiv gegensteuern, indem ich mir sagte: »Was immer diese Lehrerin gesagt hat, das stimmt nicht. Sondern ich bin hoffnungsvoll, es wird noch etwas aus mir, es passiert etwas. Es kann sich noch etwas bewegen in meinem Leben.« Das nahm ich mir fest vor, aber ich zauderte noch. Versagensangst, Angst, anderen Leuten nicht gerecht zu werden, keine Anerkennung zu bekommen – diese Ängste lähmten mich. Sie erinnerten mich an meine Krankheitszeit. Ich musste mir vergegenwärtigen, dass ich schon einen weiten Weg gegangen war und dass Gott mir dabei geholfen hatte.

Also konnte ich es auch mit dem Leben aufnehmen.

Ich erkannte, dass Charakterbildung nicht von heute auf morgen geschah und dass ich geduldig, aber beharrlich an mir arbeiten musste. Da ich nie zuvor Verantwortung übernommen hatte und daher anstehende Aufgaben gerne vor mir herschob, musste ich mich nun in kleinen Schritten trainieren, Aufgaben anzupacken. So versuchte ich, Monats- und Tagesziele zu verfolgen: Ich stellte ein Flipchart in mein Zimmer, auf das ich groß und breit meine Monatsziele notierte. »Eine eigene Wohnung finden«, lautete eines meiner Ziele. Dieses Ziel brach ich wiederum in kleinere Etappen herunter, in Tagesziele, die ich mir auf To-do-Listen notierte: »Heute einen Anruf zwecks Wohnungssuche machen.« Wenn ich bis zum Abend tatsächlich auf eine Wohnungsannonce reagiert hatte, ging ich mit einem zufriedenen Gefühl ins Bett. Es spielte keine Rolle, ob der Anruf erfolgreich gewesen war oder nicht, wichtig war, dass ich mich überhaupt dazu überwunden hatte, die Nummer zu wählen und nach der Wohnung zu fragen. Ich konnte am Abend einen Haken auf meine Liste setzen, ich hatte mein Ziel erreicht, ich konnte etwas. Das motivierte mich weiter. Durch viele kleine Schritte kam ich ein großes Stück voran, sowohl auf der persönlichen als auch auf der Glaubensebene. Versagensängste und Minderwertigkeit wichen allmählich aus meinem Leben, Gott nahm sie fort. Ich lernte, dass ich jeden Tag das Beste aus der jeweiligen Situation machen konnte.

In dieser Zeit lernte ich eine wichtige Lektion für mein weiteres Leben: Mir wurde klar, dass ich meine Hände nicht in den Schoß legen darf, während ich auf die Erfüllung meiner Wünsche warte. Ich muss auch bereit sein, aufzustehen, Gottes Hand zu ergreifen und loszugehen. Ich kann dabei selbst aktiv werden, ich darf um Leitung bitten, aber auch eigene Ideen vorschlagen und ausprobieren. Gott möchte keine unmündigen Kinder, der Wunsch unseres göttlichen Vaters ist, dass ich selbst zu einem verantwortungsvollen Erwachsenen heranreife, der es auch einmal wagt, eigene Schritte unter seiner Führung zu gehen. Denn wenn Gott ein gesegnetes Land für mich vorbereitet hat, dann erwartet er von mir, dass ich mich selbst in Bewegung setze und darauf zugehe, so wie das Volk Israel aus Ägypten aufbrach und schließlich ins Gelobte Land einziehen durfte. Ich werde einfach aktiv und sage: »Okay, ich mache den ersten Schritt!« Und dann zieht Gott voraus, er ist der Wegweiser, aber ich selbst setze mich in Bewegung.

Was mir dabei half, Schritte zu wagen, war das leise Gefühl, dass das Leben noch viel Großartiges für mich bereithielt. Mit »großartig« meine ich nicht Umsätze oder Reichtum, sondern ein Ziel, einen Sinn, eine Berufung, etwas, für das mein Herz schlägt. Wie eine Welle, die mich nach vorne schiebt. Von Tag zu Tag wurde dieses Gefühl immer stärker. Dadurch wurde das Leben leichter. Ich ging ganz anders an die Dinge heran, sah sie mit anderen Augen.

Mir kam der Gedanke, dass es womöglich gut gewesen sein könnte, dass Gott manche Türen verschlossen hatte. Dafür würde er mir andere öffnen. Er überschaute meinen gesamten Lebensweg und wusste besser als ich, was für mich gut war und was nicht.

In diesen ersten Jahren nach meiner Genesung erlebte ich ganze Achterbahnfahrten an Emotionen. An manchen Tagen sah ich überall Chancen, an anderen hatte ich das Gefühl, dass nichts funktionierte und alles schiefging. Ich stellte fest, dass man auch als gesunder Mensch Probleme haben konnte. Doch mein Leben hatte sich kontinuierlich verbessert, alles, was ich brauchte, war nur noch ein wenig Geduld, dann würden sich auch die gegenwärtigen Probleme lösen lassen. Ich stellte mir die Probleme wie große, unüberwindbare Mauern vor, die ich Schritt für Schritt mit Hammer und Meißel abschlagen würde. Das kostete mich Schweiß, Nerven, Geduld und auch mal Tränen. Zuletzt hatten sie sich jedoch verkleinert und ich konnte mit einem leichten Schwung über sie hinwegspringen.

Wieder lernte ich etwas Wichtiges: mich in Geduld zu üben. Alles hat seine Zeit. Wann habe ich schon einmal Bäume im Winter blühen sehen oder ein Neugeborenes schon sprechen hören? Alles im Leben braucht Zeit, sich zu entwickeln. Geduld schenkt mir innere Gelassenheit und Ruhe. Während ich auf die Erfüllung meiner Sehnsüchte warte, kann ich die Zwischenzeit nutzen, um aus allem das Beste zu machen.

In unserem Glaubensleben brauchen wir oft Geduld, weil Gott die Dinge in uns reifen lassen will. Er nutzt ja die Probleme des Lebens, um uns in unserer Persönlichkeit zu formen. Wie ein liebender Vater achtet er darauf, was er mir zumuten kann. Wenn er seinem Kind fünf Schritte zumuten kann, lässt er sein Kind diese fünf Schritte gehen. So kann ich auch im Glauben Schritte tun und Gott vertrauen, dass er mich halten wird, während ich versuche, Dinge in meinem Leben umzusetzen.

Während dieser Zeit kam mir das Warten auf den ersehnten beruflichen Durchbruch unglaublich lange vor. Ich glaube, es liegt in unserer menschlichen Natur, sich Erfolge zu wünschen. Wir wollen Durchbrüche. Wir möchten unseren Horizont erweitern. Wir möchten, dass in unserem Leben etwas Positives geschieht. Das wünscht sich insgeheim jeder. Und nun musste ich mühsam lernen, nicht enttäuscht zu sein, wenn die Durchbrüche sich nicht immer sofort einstellten. Endloses Grübeln und Nachdenken, warum dieses oder jenes nicht so funktionierte, wie ich es mir vorstellte, brachte mich nicht voran. Ich wollte mich durch schwierige Lebensumstände nicht davon abhalten lassen, an der Hoffnung auf einen Durchbruch festzuhalten.

Ich merkte, dass es im Leben auf das richtige Tempo ankommt. Denn zu schnell ist oft genauso verkehrt wie zu langsam. Ich nahm mir vor, mich lieber auf mein Ziel zu konzentrieren als auf die Geschwindigkeit, mit der ich mich vorwärtsbewege. Und da ich mir zum Ziel gesetzt hatte, meine Probleme zu besiegen und einen geeigneten Beruf für mich zu finden, würde ich dieses Ziel auch beharrlich, aber mit Geduld verfolgen. Schließlich sind unsere Probleme, Sorgen und Ängste in der Regel nicht über Nacht gekommen, also sollten wir verstehen, dass sie auch nicht über Nacht verschwinden werden. Vielmehr sind sie oft so tief in uns verankert, dass wir viel Energie und Kraft benötigen, um sie zu verändern. Gott will uns dabei helfen. Es gibt jedoch kein Wachstum ohne Veränderung, keine Veränderung ohne Angst und Verlust und keinen Verlust ohne Schmerz. Ich habe gelernt, mit mir selbst geduldig zu sein und auf Gottes Eingreifen zu warten. Ich erwarte die Veränderungen nicht auf einen Schlag, sondern stufenweise, so lange, bis ich den Aufstieg aus dem »Tal der Probleme« geschafft und wie von einem Turm herab endlich wieder eine klare Sicht gewonnen habe.

In dieser Zeit betete ich oft: »Gott, zeige mir, dass du mich gerne hast, so wie ich bin. Egal, wie erfolgreich ich bin oder wie sehr ich versage. Lass mich erkennen, dass ich von dir geliebt werde. Du hast mir gezeigt, dass du nicht nur heilst, sondern dass du mich als Ganzes möchtest, dass du mich mein Leben lang begleiten möchtest.« Ich verstand nicht nur mit dem Kopf, sondern auch mit dem Herzen, dass Gott mich bedingungslos liebt. Dieses Wissen bewahrt mich auch heute davor, mich selbst zu verdammen, wenn ich einen Fehler begehe. Zu scheitern ist keine Schande. Liegen zu bleiben, zu rebellieren und zu sagen: »Jetzt ist Schluss«, das ist meiner Meinung nach eine Schande. Doch wenn ich weiß, dass ich geliebt bin, und wenn mir klar ist, wie groß Gott ist und wie klein ich dagegen bin, kann ich aufstehen und aus meinen Fehlern lernen. In dieser demütigen Haltung kann ich Verhaltensmuster durchbrechen und mir überlegen, wie ich es das nächste Mal besser machen kann. Ich kann dann entweder mit einer anderen Einstellung auf die Situation zugehen oder mit anderen Methoden. Demut öffnet mich für neue Inspirationen.

Zu meiner eigenen Überraschung begann sich in dieser Zeit in meinem Hinterkopf eine Idee abzuzeichnen, erst langsam und bruchstückhaft, bis es schließlich ein Bild ergab. Ein sehr aufregendes Bild. Es war ein Zukunftsziel, ein Traum, noch fern und zunächst ziemlich verrückt. Und doch ließ mich die Idee nicht mehr los: Ich hatte das Gefühl, dass ich jemand sein sollte, der Vorträge hielt. Mein erster Gedanke war: »Wie soll das denn gehen? Ausgerechnet ich, der ich mich fast mein ganzes Leben lang in meinem Zimmer verkrochen hatte?« Doch dann dachte ich: »Es muss ja nicht gleich morgen sein. Wer nicht wagt, der nicht gewinnt.« Aber wie sollte ich dieses Ziel erreichen? Ich betete zu Gott, dass er mir kreative Ideen und Durchhaltevermögen schenken würde. Das würde ich auch brauchen, schließlich waren schon einige berufliche Türen vor meiner Nase zugeschlagen worden.

Wenn ich meinen Traum ernst nehmen wollte, musste ich an meiner Einstellung arbeiten. Ich musste die negativen Gedanken abschütteln. Ich glaube mittlerweile, dass vieles im Leben abhängig ist von der Einstellung, mit der man an die Dinge herangeht. Auch die Bibel vermittelt mir etwas Ähnliches, wenn sie mich darauf aufmerksam macht, dass ich auf meine Gedanken achtgeben soll. Denn unsere Gedanken werden zu Worten und diese werden zu Taten (Micha 2,1; Matthäusevangelium 15,18-19).

Eine positive Einstellung zum Leben setzt häufig eine Veränderung des Blickwinkels voraus. Mittlerweile weiß ich: Nur weil die Dinge gestern so waren, bedeutet das nicht, dass es heute tatsächlich genauso ist. Ich weiß nicht, was morgen ist. Es kann sich alles verändern. In der Familie kann jemand sterben, mir kann gekündigt werden, ich kann Geld verlieren, einen Freund verlieren, krank werden. Dies sind alles Situationen, an denen ich zerbrechen könnte, wenn ich es zuließe. Die Frage ist: Wie weit lasse ich mich von diesen Dingen beeinflussen und in welcher Intensität? Natürlich ist es normal, dass mich Geschehnisse im Leben beeinflussen. Manche sind eher günstig, manche eher ungünstig für mich. Ich kann mich aber bewusst entscheiden, wie ich auf diese Situationen reagiere. Es hängt von meiner Einstellung ab. In solchen Situationen versuche ich, den Blick für das Gute zu bewahren, für das, was ich habe und was ich daraus machen kann.

Die richtige Einstellung bedeutet wie beim Radio, den richtigen Empfang zu haben. Wenn es knistert und rauscht, dann muss ich den Empfang nachstellen und am Regler drehen – und so muss ich auch im übertragenen Sinn an meinen Einstellungen drehen. Meine persönliche Einstellung zum Leben basiert auf dem Glauben, dass Gott etwas Gutes für mich vorbereitet hat. Und dieser Glaube nährt meine Hoffnung.

Mit Anfang zwanzig bewarb ich mich auf eine Lehrstelle als Büro- und Versicherungskaufmann. Das Vorstellungsgespräch war herausfordernd: Während draußen vor der Tür zwei Mitbewerber warteten, saß ich zwei Chefs gegenüber und wurde gefragt, was ich außer lauter Fünfen im Zeugnis denn noch mitbringen würde. Mit meiner neuen Entschlossenheit antwortete ich: »Ich bringe einen eisernen Willen mit, ich kann mich durchkämpfen, ich kann gut mit Leuten umgehen, ich kann reden, das ist alles, was man in diesem Beruf braucht, und das kann ich wahrscheinlich besser als die Leute draußen vor der Tür, darum bin ich der Richtige für den Job.«

Die beiden Männer lehnten sich zurück, einer verschränkte die Arme vor der Brust und fragte: »So? Und in was für Situationen haben Sie das alles schon einmal bewiesen? Wann mussten Sie sich schon einmal durchkämpfen?«

Ich erzählte ihnen von meiner Krankheit und meiner Heilung. Nachdem ich fertig war, schwiegen sie. Meine Geschichte hatte sie überzeugt. Nur zwei Stunden später erhielt ich die Zusage, dass sie mich haben wollten. Ich hatte meine erste Hürde genommen!

Die Lehre machte mir Spaß, aber trotzdem wollte ich meinen Horizont zusätzlich erweitern. So absolvierte ich parallel zur Lehre ein Praktikum bei einer Unternehmensberatungsfirma, die mit den größten Unternehmen in Deutschland und Österreich zusammenarbeitete. Dadurch wurde ich auf meinen späteren Beruf aufmerksam: Menschen begleiten und beraten, ihr Potenzial fördern und zur Entfaltung bringen – ich merkte, dass mir das liegt und Freude macht.

Während des Praktikums bei der Unternehmensberatungsfirma und der Lehre bei der Versicherungsagentur war ich auch im Außendienst tätig und musste Kunden akquirieren. Ein paar Jahre zuvor war es noch ein hohes Ziel für mich gewesen, überhaupt einen Anruf am Tag zu tätigen. Nun musste ich stundenlang eine Nummer nach der anderen wählen und wildfremden Menschen Versicherungsmodelle vorstellen. Das war eine ganz schöne Herausforderung für mich, mit einem enormen Erfolgsdruck verknüpft. Zuerst musste ich lernen, mich Menschen gegenüber zu öffnen und Vertrauen zu entwickeln. Dies war nach meiner langen Krankheitsphase, in der ich die meiste Zeit einsam in meinem dunklen Zimmer gesessen hatte, nicht leicht. Aber ich wollte es unbedingt lernen. So las ich Bücher über dieses Thema und besuchte sogar Fortbildungen. Tatsächlich lief es mit den Kunden richtig gut. Ich versuchte, mich in die Menschen einzufühlen und sie da abzuholen, wo sie standen. Ich fragte mich: »Was bewegt sie, was ist ihnen wichtig?« Ich legte Wert darauf, aufrichtig zu sein, und sagte ihnen bei Beratungsgesprächen, was möglich war, aber auch, wo die Grenzen des Versicherungsmodells lagen. Diese Authentizität schätzten die Kunden, sie luden mich zum Essen oder zu sich auf ihren Badeplatz am See ein. Die Einladungen habe ich zwar nicht jedes Mal wahrgenommen, doch sie zeugen von dem guten Verhältnis, das sich zwischen uns entwickelt hatte. Einige Kunden riefen noch Jahre später an und fragten mich, wie es mir ginge.

Durch meine Tätigkeit im Außendienst und den Umgang mit den vielen Kunden, sowohl telefonisch als auch persönlich, übte ich mich darin, offen auf Menschen zuzugehen. Das war ich aus meiner Krankheitszeit nicht gewohnt, damals hatte ich mich lieber versteckt, aber langsam konnte ich mich umgewöhnen. Ich erkannte, was mir im Umgang mit Leuten Sorgen machte, ich lernte, mit Absagen und Terminverschiebungen umzugehen, und wurde in der Bewältigung von neuen Situationen flexibler.

Ich arbeitete auf Fixum und Provisionsbasis, wurde also für Ergebnisse bezahlt und wusste am Monatsanfang nie, mit wie viel Geld ich am Monatsende rechnen konnte. Das war eine finanzielle Herausforderung für mich. Aber meine Bedenken gab ich an Gott ab und ging im Vertrauen auf ihn meinen beruflichen Weg. Ich wusste, dass er auch weiterhin für mich sorgen würde.

Auch heute ist mir immer bewusst, dass nicht ich es bin, der die Fäden in der Hand hält, sondern allein Gott. Er hat die Kontrolle. Dass ich nicht alles kontrollieren kann, habe ich besonders in den ersten achtzehn Jahren meines Lebens sehr schmerzlich erfahren müssen, als die Krankheit scheinbar mein ganzes Leben bestimmte.

Man entwickelt Demut, wenn man nicht alles unter Kontrolle hat. Indem ich verstand, dass Gott groß ist und ich klein bin, lernte ich, mich den Situationen und Veränderungen anzupassen. Das war auch beim Heilungsprozess der Fall gewesen, ich hatte nichts von selbst herbeiführen können, hatte mich ganz auf Gottes Plan verlassen müssen. Ich konnte nicht mein Recht durchsetzen, sondern war von ihm abhängig und musste vertrauen.

Während der Doppelbelastung durch das Praktikum und die Arbeit im Außendienst musste ich an die *Rocky*-Filme aus meiner Kindheit denken, in denen sich der Held seinen Erfolg hart erarbeitet hatte. Das spornte mich an. Für Erfolg gibt es kein Patentrezept, ich musste meinen eigenen Weg finden und auf mein Herz hören. Langsam begannen sich Erfolge abzuzeichnen. Ein paar Jahre zuvor hatte ich mich nicht einmal getraut, einen Brief von der Kfz-Versicherung zu öffnen, und nun ging ich jeden Tag aktiv auf Menschen zu, um ihnen etwas zu verkaufen. Mit jedem beruflichen Schritt vorwärts wuchs mein Selbstvertrauen. Das Durchhaltevermögen, das ich mir während meiner Krankheit angeeignet hatte, half mir dabei.

Mir wurde klar, dass es in meinem Leben einen sehr großen Unterschied macht, ob ich mein Leben aktiv gestalte oder nur passiv zuschaue und damit zum Opfer werde. Solange ich aktiv bin, bleibe ich in Schwung und in Bewegung. Dadurch kann sich etwas verändern. Ich habe erlebt, dass die ersten Schritte sehr schwierig sind und sehr viel Energie rauben. Aber wenn ich einmal in Bewegung gekommen bin, dann gibt mir das eine enorme Schwungkraft.

Im Rückblick würde ich sagen, dass ich in meinem Leben Gott immer dann Raum gab mir zu helfen, wenn ich handelnd blieb und bereit war, Schritte umzusetzen. Handlung bedeutet jedoch nicht immer, nur aktiv zu sein. Handlung heißt auch, still zu sitzen und hinzuhören. Was erwartet eigentlich das Leben von mir? Was möchte Gott von mir? Was hat er vor mit mir?

Mir wurde auch bewusst, dass Spannungen und Druck ein Teil des Lebens sind. Es ist nicht angenehm, unter Druck zu stehen, aber durch das Unangenehme lerne ich die schönen Momente besser zu schätzen. Ich lerne sogar Spannung und Druck immer mehr zu schätzen, denn manchmal bewirkt Druck etwas Gutes: Ich wachse dadurch über mich hinaus. Mit richtiger Gewichtung treibt er mich an, lässt mich aktiv bleiben, ich komme nicht in negatives Grübeln. Die Handlungen wiederum bringen mich in andere Situationen, zu neuen Menschen, ich lerne neue Denkweisen. Dadurch ändert sich das Leben. Und genau das wollte ich: Ich wollte mein Leben ändern.

Nach einiger Zeit im Beruf wurde ich unzufrieden. Die Arbeit machte mir Spaß, aber sie befriedigte mich nicht. Mir fehlte auf lange Sicht gesehen der Sinn in meiner Tätigkeit.

Zu dieser Zeit starb mein Stiefvater an einem Herzinfarkt. Mein Verhältnis zu ihm war zuletzt nicht mehr ungetrübt gewesen, doch als er so plötzlich starb, traf mich das tief. Ein Schatten legte sich über mein Leben, ich fühlte mich zurückgeworfen. Mir wurde klar, dass ich ihm zu wenig gedankt hatte für alle guten Dinge, die er für mich in meiner Kindheit getan hatte, und ich wünschte, ich hätte noch mit ihm reden können. Außerdem hätte ich mehr Zeit mit ihm verbringen sollen. Aber nun war es zu spät.

Meine Familie fragte mich, ob ich an seinem Grab eine Rede halten würde. Während ich mich auf die Ansprache vorbereitete, merkte ich, wie nahe mir sein Tod ging. Zur Beerdigung kamen viele Menschen, die ich nicht kannte, die jedoch meinen Stiefvater gekannt hatten – sogar der Bürgermeister war erschienen. Als ich vor die Trauergemeinde trat und die vielen Leute erblickte, die mich erwartungsvoll ansahen, beschleunigte sich mein Puls und mein Mund wurde trocken. Aber ich hielt meine Rede, ging auch auf unser Familienleben ein und erwähnte meine frühere Krankheit. Danach kamen viele der Trauergäste auf mich zu und sagten mir, wie sehr meine Worte sie berührt hätten.

Die Schulleitung einer Krankenpflegerschule hatte von der Rede gehört und fragte mich, ob ich vor den Schülern einen Vortrag über meine Erfahrungen mit der Neurodermitis halten könnte. Wieder war ich sehr nervös. Was würden die Zuhörer von meiner

Geschichte halten und was würden sie über mich denken? Ich nahm meinen ganzen Mut zusammen und erzählte aus meinem Leben. Obwohl ich nach der Rede unzufrieden mit mir selbst war, sah ich, dass einigen Mädchen Tränen in den Augen standen, andere kamen begeistert auf mich zu. In diesem Moment spürte ich diese starke Berufung in mir: Vortragender zu sein, von meinen Erfahrungen zu erzählen und andere Menschen in ihrem Leben zu inspirieren. Ich wusste, das war genau das Richtige für mich. Ich fühlte mich froh und lebendig und merkte, dass man sich selbst oft schlechter einschätzt als man von außen wahrgenommen wird. Offenbar konnte ich anderen Menschen doch etwas geben.

Wieder lernte ich etwas: Auch wenn ich manchmal das Gefühl habe, dass ich nicht viel zu bieten habe, reicht das Wenige, das ich habe, für Gott aus, um etwas Großes daraus zu machen. Jeder von uns hat einen Hoffnungsschimmer, einen Funken, eine Stärke oder eine Fähigkeit. Irgendetwas, das noch in uns brennt. Dann kann Gott Großes bewirken, das macht uns auf unserem Weg aktiv.

Mein Traum war in Erfüllung gegangen: Ich hatte bereits zwei Reden gehalten und sogar gute Rückmeldungen bekommen. Gott hatte mein Gebet erhört. Diese Berufung ließ mich nicht mehr los und so absolvierte ich berufsbegleitend eine Coachingausbildung.

Insgesamt besuchte ich in den Jahren nach meiner Heilung diverse Schulungen, Seminare, Weiterbildungen und Managementkurse. Ich investierte viel Zeit und Geld in meine Persönlichkeitsbildung. Von den verschiedensten Menschen habe ich sehr viel lernen dürfen und gewann viele Freunde, außerdem las ich stapelweise Bücher, natürlich weiterhin auch die Bibel. Ich hatte gewissermaßen einen Nachholbedarf im Lernen, und das neu erworbene Wissen gab mir Sicherheit und Stärke. Bei allem, was ich las und hörte, überlegte ich mir, ob es etwas mit meinem Leben zu tun hatte und ob es mir helfen würde. Damit das Gelernte nicht nur Theorie blieb, versuchte ich, es gleich in die Praxis umzusetzen. Als sich dann Erfolge einstellten, motivierte mich das weiterzugehen. Doch bei all meinen Anstrengungen wollte ich meine Identität auf keinen Fall vom Erfolg abhängig machen.

Am wichtigsten war und ist mir, was Gott von mir hält. Und ich weiß, dass er mich bedingungslos liebt.

Mein Traum, Vorträge zu halten, blieb in mir lebendig. Einmal ging ich zufällig über einen Friedhof und mein Blick streifte dabei die vielen Gräber. Ich fragte mich, wie viele Träume, Ideen, Projekte, Sehnsüchte und Wünsche mit diesen Menschen begraben waren. Wie vieles wurde ersehnt, jedoch nie verwirklicht? Wie viele Bilder wurden nie gemalt, wie viele Bücher nie geschrieben, wie viele Lieder nie gesungen? Ich traf die Entscheidung, meine Träume zu leben und sie nicht aufzugeben. Wenn diese Träume im Einklang mit Gottes Willen stehen – warum sollten sie dann nicht gelebt werden dürfen?

Um meinem Traum, Vorträge zu halten, näherzukommen, bewarb ich mich bei einem großen Konzern in Österreich. Doch ich wurde abgelehnt mit der Begründung, dass ich noch zu wenig Erfahrung hätte. Von diesem Rückschlag wollte ich mich jedoch nicht wieder niederdrücken lassen – ich hatte schon viele andere Niederlagen im Leben verkraftet, ich wollte daraus lernen. Daher versuchte ich es positiv zu sehen: Vielleicht hatten sie recht, ich könnte tatsächlich noch dazulernen.

Also besuchte ich eine universitäre Akademie, dort spezialisierte ich mich auf die Fachgebiete Marketing und Management. Wieder drückte ich die Schulbank, aber wie anders war diese Erfahrung nun! Es gab keine schlaflosen Nächte mehr, ich war morgens munter und ausgeschlafen. Keine Schmerzen quälten mich und lenkten mich ab. Ich stellte fest: Lernen machte mir Spaß. Ich sah einen positiven Sinn in meiner Ausbildung, ich konnte mich gut konzentrieren und war sehr motiviert. Kurz vor der Abschlussprüfung lernte ich in nur wenigen Tagen nahezu zwanzig Ordner auswendig. Dies war eine völlig neue Erfahrung für mich. Ich schloss mit dem Diplom ab, konnte danach die Business School der Universität Salzburg besuchen und studierte Training und Development im Masterstudiengang. Ich knüpfte neue Freundschaften und hatte große Freude daran, mit anderen Studenten an Präsentationen und Projekten zu arbeiten.

Immer wieder musste ich an meine frühere Lehrerin denken, die behauptet hatte, dass aus mir nichts werden würde. Ich wusste nun, dass auch ich in der Lage bin, gut zu lernen und meine Ziele zu erreichen. Dies war nur durch die Krankheit behindert worden. Mein Leben war nicht fruchtlos geblieben, obwohl ich das während der schwierigen Zeit meiner Krankheit und auch in den anstrengenden Phasen der Berufsfindung immer wieder befürchtet hatte. Doch in Wirklichkeit gleicht unser Leben in mancherlei Hinsicht einem Baum in den Jahreszeiten: Wenn man im Winter einen kahlen Baum sieht, weiß man, dass im Frühling genau dieser Baum wieder in voller Blüte stehen wird. Er wird erneut kraftvoll sein, voller grüner Blätter, weißer Blüten und roter Früchte. Während wir im Winter vor dem knorrigen Baum stehen, versinken wir über seinen Anblick nicht in Depressionen. Wir wissen, der Baum trägt Kraft in sich. Wenn dieser Baum denken könnte, würde er sich nicht verzweifelt darüber Gedanken machen, warum er jetzt keine Frucht bringt. Im Leben gibt es Zeiten, in denen man wenig Früchte sieht. Doch in diesen kargen Zeiten kann ich mich darauf besinnen, dass ich eine geistliche Kraft in mir habe, ein Vertrauen, eine Gewissheit und eine Hoffnung, dass sich in der Zukunft etwas zum Guten bewegen wird. Dabei ist es wichtig, dass ich meinen Wert nicht über die Ergebnisse, nicht über meinen Erfolg definiere. Erfolg ist an sich nichts Schlechtes. Wenn ich mein Selbstwertgefühl jedoch nur aus meinem Erfolg ziehe, ist das gefährlich. Aber worauf gründe ich meine Identität? Das war für mich immer eine zentrale Frage. Die Bibel sagt, dass ich wertvoll bin, weil ich ein Kind Gottes bin. Das ist meine Identität, daran klammere ich mich.

Bei all der Bewegung in meinem Leben blieb Gott die Nummer eins für mich. Ich hatte mich bewusst für ihn entschieden – mit derselben Entschlossenheit, mit der man auch in eine Ehe einwilligt. Diese Entscheidung nehme ich ernst, ich bin kein Mensch für halbe Sachen und möchte meine Dankbarkeit Gott gegenüber ausdrücken für all das, was er in meinem Leben bewirkt hat.

Der Glaube ist für mich das wertvollste Geschenk, das mir zuteil geworden ist, vielleicht sogar noch wichtiger als meine körperliche Heilung. Aus dem Glauben schöpfe ich Kraft für mein Leben. Denn Gott ist mein täglicher Begleiter.

Der Glaube ist immer etwas Lebendiges. Er ist meine Beziehung zu Gott, von dem ich glaube, dass er etwas Gutes mit mir vorhat. Wie das Gute konkret aussieht, weiß ich nicht, vielleicht kommt es sogar in Form einer Herausforderung daher, die mir letztendlich zum Guten dient, auch wenn ich das nicht sofort erkenne. Der Glaube ist somit eine innere Gewissheit, die die Hoffnung auf dieses Gute schürt. Ab und zu raubte ich mir selbst die Hoffnung, indem ich mir sagte: »Die guten Verheißungen Gottes treffen auf andere Menschen zu, aber nicht auf mich selbst.« Dann musste ich mich immer wieder selbst beim Schopfe packen und sagen: »Es trifft auch auf mich zu.« So gebe ich Gott Raum zum Wirken.

Ich habe diese inneren Selbstzweifel abgelegt und gelernt, in allen Dingen zu vertrauen. Ich habe ihm am Ende der Krankheitszeit stark vertraut und auch jetzt, wo ich gesund bin, will ich ihm dieses Vertrauen weiterhin schenken.

Privat habe ich ebenfalls mein großes Glück gefunden.

Meine Frau Adrienne berichtet:

Ich habe Alexander 2004 im Gottesdienst in Salzburg kennengelernt. Wir sahen uns dort regelmäßig. Irgendwann sprach er mich an und fragte mich, ob ich bei ihm arbeiten möchte. Er hatte sich selbstständig gemacht und suchte jemanden für Sekretariatsarbeiten. Wir trafen uns, aber aus der Arbeit wurde nichts. Doch er gefiel mir. Es entwickelte sich eine Freundschaft und wir gingen gerne zusammen tanzen in einen Klub in Salzburg. Außerdem waren wir beide in der Kirche in einem Jugendkreis engagiert.

Ich habe mich in sein Herz verliebt, weil er Gott treu, tief und wahrhaftig liebt. Gott hat für ihn oberste Priorität. Das respektiere ich enorm. Er ist auch sehr ehrlich und direkt, manchmal machte mir dieser Charakterzug Mühe, aber letztendlich schätze ich diese Eigenschaft bei ihm. Wenn man jemandem vertrauen möchte, muss man wissen, woran man bei ihm ist, und Alexander ist aufrichtig, er sagt es so, wie er es denkt. Er ist einfach authentisch und weil er es ernst meinte mit mir, bekam ich gleich zu Anfang unserer Beziehung einen Vorgeschmack seiner Zielstrebigkeit. Er fragte mich: »Bin ich für dich nur ein Zeitvertreib oder könntest du dir vorstellen, dass aus unserer Beziehung etwas Ernsthaftes entsteht? Mir ist es nämlich ernst mit dir. Aber wenn diese Beziehung für dich nicht langfristig angelegt ist, mache ich nicht weiter.« Doch auch bei mir bestand ein ernsthaftes Interesse an unserer Verbindung.

Er ist sehr liebevoll, verlässlich, verantwortungsbewusst und vertrauenswürdig. Er erzählte mir auch gleich zu Beginn von seiner furchtbaren Krankheitsgeschichte. Geschockt war ich nicht, weil ich mir kaum vorstellen konnte, dass es ihm jemals so schlecht ging – heute ist er gesund, tatkräftig und dynamisch. Die Krankheit hat seine Persönlichkeit geprägt: Ich denke, sie hat ihn früh zu einem nachdenklichen und tiefgründigen Menschen gemacht, er las viele Bücher und machte sich Gedanken darüber. Dieses Wissen kann er heute noch nutzen. Aber für uns spielt die Krankheit im Leben keine Rolle, sie ist Vergangenheit. Wir befürchten auch keinen Rückfall, denn wir gehen davon aus: Was Gott geheilt hat, hat er geheilt.

2006 haben wir uns verlobt, 2007 haben wir geheiratet. Ich hatte bereits zwei Söhne aus erster Ehe, Alexander nahm sie wie seine eigenen Söhne an und sie lieben ihn als ihren Vater. Die Kinder schätzen seine Meinung und was er für die Familie macht, sie verstehen sich gut mit ihm. Es passiert nicht alle Tage, dass ein Stiefvater seine Kinder wirklich wie die eigenen annimmt, aber bei uns ist das so und das ist sehr schön. Das Zusammenwachsen als Familie gingen wir vorsichtig und mit Geduld an, sobald es mit uns beiden ernster wurde und er sich bereit erklärte, als Vater Verantwortung zu übernehmen.

Seit ich mit Alexander zusammen bin, erlebe ich die schönsten Jahre meines Lebens. Er inspiriert mich und ich verdanke ihm viel.

Zum Beispiel hat er mich immer wieder ermutigt, meine Begabungen zur Entfaltung zu bringen und mich dem Malen zu widmen.

Für mich ist der Glaube das Wichtigste, das ich in meinem Leben geschenkt bekommen habe. Dadurch habe ich ein völlig neues Leben erhalten und es wird jeden Tag schöner. Mein Glaube, so wie ich ihn verstehe, ist eine ganz persönliche, intime und direkte Beziehung zu Gott: dem Vater, Jesus und dem Heiligen Geist. Ich spreche jeden Tag mit Gott und auch bei meiner künstlerischen Tätigkeit, dem Malen, ist er mit dabei, das ist für mich eine Form der Anbetung. Gott heilt Menschen vollständig, das habe ich auch persönlich erfahren, als er meine emotionalen Verletzungen heilte.

Der Gottesdienst ist uns wichtig, der Austausch mit Freunden, die ebenfalls gläubig sind. Wir ermutigen uns gegenseitig, stecken uns mit Freude an und stärken gegenseitig unser Vertrauen in Gott. Wir wünschen uns, dass die Kinder das miterleben können. Sonntags besuchen wir als Familie zusammen den Gottesdienst. Alexander hat so viel zu tun, dass er auch den Sonntag als Arbeitstag brauchen könnte, aber er hält ihn bewusst frei, für Gott, für sich selbst und für die Familie. Auch in der Familie reden wir sehr viel über den Glauben und tauschen uns darüber aus. Wir haben eine gesunde Ehrfurcht vor Gott. Es lohnt sich, ihm gehorsam zu sein, denn er weiß, wozu es gut ist. Auch wenn wir es nicht verstehen, Gott weiß, dass es zu etwas Besserem dient.

In unserer Familie ist der Glaube ein zentrales Thema. Jesus ist bei uns gewissermaßen der Dritte im Bunde. Wir sehen unsere Ehe als ein dreifaches Seil, wie es in der Bibel beschrieben wird.[7] Ein dreifaches Seil ist stabiler als ein zweifaches, es reißt nicht so schnell. Wir sprechen auch mit unseren Kindern über den Glauben und versuchen ihnen zu vermitteln, wie wichtig eine Beziehung zu Gott ist.

2008 wagte ich es, einen Traum in die Tat umzusetzen, und machte mich mit einem eigenen Unternehmen, *die impulsgeber*, selbstständig. Die vielen Jahre der Krankheit sind mir wie ein Gefängnis in Erinnerung geblieben, darum brauche ich Luft zum

Atmen, ich brauche Freiheit. Unternehmertum bringt gewisse Freiheiten mit sich, auch wenn dies bei genauerem Hinsehen nicht immer so großartig ist, wie man im ersten Moment denken mag. Teilweise arbeite ich vierzehn bis fünfzehn Stunden am Tag, doch ich tue es unter eigener Regie. Ich muss natürlich die Konsequenzen meiner Entscheidungen tragen, aber ich kann mir mein Arbeitsleben innerhalb gewisser Rahmenbedingungen selbst gestalten und diese Möglichkeiten faszinieren mich. Vielleicht ist dies ebenfalls das Erbe meines Vaters. Auch ihm war unternehmerisches Denken wichtig und schon in meiner Kindheit erfuhr ich, was es bedeutet, ein Selbstständiger zu sein. Das hat mich wahrscheinlich positiv geprägt. Der wichtigste Faktor jedoch war mein Gottvertrauen. Ich hatte nun erfahren und gelernt, dass man mit Gott großartige Dinge tun und erleben kann. Ich dachte mir: »Ich selbst bin wenig oder nichts, aber mit Gott bin ich alles. Er ist mit mir den Weg durch die Krankheit hindurchgegangen, er geht auch mit mir in die Selbstständigkeit.«

Die ersten Jahre waren natürlich, wie bei Existenzgründungen üblich, ein Auf und Ab. Aber ich begann mit viel Schwung, Elan und Vertrauen. Seitdem stehe ich jeden Tag vor neuen Herausforderungen und Entscheidungen, die von mir meinen ganzen Einsatz verlangen. Als Unternehmer braucht man etwas Herzblut für Abenteuer und Risiken, eine Leidenschaft dafür, neue Dinge zu erschaffen und viel zu leisten. Ich bin oft auf Reisen, halte Vorträge und Seminare – mein Traum ist also tatsächlich Wirklichkeit geworden! Ich liebe diesen abwechslungsreichen Lebensstil. Mein Unternehmen wächst und ich stehe morgens früh auf in dem Bewusstsein, für mein Handeln hundertprozentig die Verantwortung zu übernehmen. Das macht mich lebendig. Und am meisten freue ich mich darüber, in meinem Beruf für mich einen Sinn zu erkennen. Andere Menschen zu inspirieren, zu fördern, zu begleiten und nachher mit einem Lächeln wieder nach Hause zu fahren, ist für mich eine der größten Triebfedern meiner Tätigkeit. Das ist ja unser Firmenslogan: »Helping people to shine«, das heißt, Menschen zum Strahlen zu bringen. Und wenn mir dies bei meinen Kunden gelingt, ist das für mich das beste Feedback, das sie mir geben können.

Als selbstständiger Unternehmer ist es mir eine große Hilfe zu wissen, dass ich nicht alles unter Kontrolle haben muss, sondern dass es jemand anderen gibt, der von einer höheren Ebene herab »die Fäden zieht«. Ich bin zwar in hohem Maße eigenverantwortlich, aber ich darf ebenso loslassen und von Gott die Gelassenheit empfangen, dass alles wohlgeordnet sein wird. Das gibt mir Kraft, Freude und Geborgenheit.

Darum habe ich in vielen Situationen einen tiefen Frieden, und versuche, mich von den alltäglichen Problemen nicht aus der Fassung bringen zu lassen.

Ich hadere nicht mit Gott darüber, dass ich meine Kindheit und Jugend verloren habe. Ich sehe es heute vielmehr so, dass er mir unendlich viel geschenkt hat.

Ich nehme an, dass es mir eigentlich schon viel früher hätte besser gehen können, wenn ich den Rat der älteren Dame am See, für die Heilung »bereit zu sein«, wirklich verstanden und beherzigt hätte. Ich bedaure daher, dass ich mich nicht schon viel früher ernsthaft an Gott gewandt habe. Vielleicht wäre mir dadurch viel Leidenszeit erspart geblieben. Ich glaube heute, dass »für die Heilung bereit zu sein« für mich bedeutet hat, wirklich und von ganzem Herzen Gott zu vertrauen.

Vielleicht habe ich mich früher heimlich davor gefürchtet, meinen Eigenwillen loszulassen, die Kontrolle abzugeben und Gott zu vertrauen. In uns Menschen scheint es ein Misstrauen gegen ihn zu geben. Ich selbst musste erst ganz am Ende sein, bevor ich diesen Vertrauensschritt auf ihn zuging. Doch so weit muss man es nicht kommen lassen, Gottes Tür steht jederzeit und für alle Menschen offen. Ein Gebet kostet kein Geld, setzt keine Qualifikationen voraus und kennt keine Ladenschlusszeiten. Es kostet jedoch eine Sache, für die ich bereit sein muss: eine Entscheidung. Bin ich im Herzen aufrichtig suchend nach Gott? Oder will ich ihn nur auf die Probe stellen? Er will sich finden lassen von denjenigen, die eine echte Sehnsucht nach ihm haben – aber er ist kein Versuchskaninchen, mit dem ich herablassend spielen kann. Er will lieben und geliebt werden – freiwillig, nicht unter Zwang. Sonst wäre es keine echte Liebe.

Rückblickend erkenne ich, dass ich selbst während der schwierigen Phase meiner Krankheit beschenkt wurde, obwohl mir das damals nicht bewusst war: Meine Leidenszeit hat mir nämlich die Augen für die Probleme anderer Menschen geöffnet. Ich kann sie in ihren Schwierigkeiten besser verstehen und ihnen Mut machen, weiter zu hoffen. Wenn es irgendeinen Sinn in meiner Leidenszeit geben könnte, dann ist es vielleicht dieser: Eine Ermutigung für andere zu sein.

So hart meine Kindheit auch war, sie war keine verlorene Zeit, denn meine Erfahrungen von früher tragen zu meiner heutigen Berufung bei. Es freut mich, wenn ich Nachrichten über facebook, per E-Mail oder Briefzusendung bekomme, in denen mir jemand dankt oder mir sagt, dass meine Worte oder die Zusammenarbeit mit mir ermutigend für ihn waren.

Ich glaube, es ist nicht notwendig, eine Mutter Teresa oder ein Mahatma Gandhi zu werden. Aber es ist notwendig, dass man das benutzt, was man selbst erlebt hat und vielleicht auch mit Gottes Hilfe besiegen konnte, um andere Menschen zu verstehen und zu ermutigen. So setzt man Impulse und hinterlässt etwas Positives auf dieser Welt. Ich glaube, wir sollten nicht darauf warten, bis wir diesen oder jenen Meilenstein auf unserem Weg erreicht haben, bevor wir in unserem Umfeld andere Menschen inspirieren können. Fangen wir einfach mit dem an, was wir haben. Das genügt Gott und er macht etwas Großes daraus.

Wenn ich die Wahl gehabt hätte, hätte ich mir natürlich eine normale Kindheit gewünscht, wäre lieber schwimmen gegangen, Rad gefahren, hätte lieber Spaß gehabt ohne Schmerzen. Lieber hätte ich Geburtstagskuchen mit Smarties und Gummibärchen gegessen statt Dinkelkrapfen und Haferflocken mit Wasser. Aber die vielen durchlittenen Stunden allein im Bett und im Krankenhaus mit einer fortwährenden Selbstbeschäftigung brachten etwas anderes. Sie formten meine Persönlichkeit und ermutigten mich, zu mir selbst zu stehen. Ich glaube, jede Schwierigkeit ist wie eine Treppenstufe auf der Treppe der Persönlichkeitsbildung, hin zu der Persönlichkeit, die Gott sich bei seinen Kindern gedacht hat, als er sie erschuf. Vieles im Leben ändert sich – der Arbeitsplatz wechselt, Geld zerrinnt zwischen den Fingern, auch der Lebenspartner und die eigenen Kinder können verschwinden – aber man kann sein Herz und seine Persönlichkeit nicht verlieren. Darum sind sie kostbar, und darum ist es Gott kostbar, daran zu arbeiten. Schwierigkeiten kann er nutzen, um aus unseren »Rohdiamanten« Herz und Persönlichkeit etwas Wertvolles zu schleifen. Und wenn man seine Persönlichkeit als etwas Wertvolles annimmt, so wie Gott einen selbst schon längst angenommen hat, dann können sich Lebensumstände durch Gottes Eingreifen ändern.

Ich bin froh, dass Gott in mein Leben eingegriffen hat. Wenn er in meinem Leben so großartig wirken konnte, dann kann er das auch im Leben von anderen. Er machte aus mir einen neuen Menschen – obwohl ich dafür nichts getan hatte. Wenn ich auf dem Mönchsberg nach meinem Willen gehandelt hätte, dann wäre ich heute tot oder in Selbstmitleid versunken. Doch Gott ist viel größer als ich und seine Gedanken sind um ein Vielfaches weitsichtiger als meine, so wie es in der Bibel beim Propheten Jesaja geschrieben steht: »*Meine Gedanken sind nicht eure Gedanken*«, *sagt der Herr,* »*und meine Wege sind nicht eure Wege. Denn so viel der Himmel höher ist als die Erde, so viel höher stehen meine Wege über euren Wegen und meine Gedanken über euren Gedanken.*« (Jesaja 55,8-9). Das heißt: Er hat viel bessere Gedanken über mich als ich selbst.

Manchmal berichte ich von der Vergangenheit, entweder von mir aus oder weil mich Menschen darauf ansprechen. Manche Leute fragen mich, warum ich so gut gelaunt bin, manche haben im Internet einen Bericht von mir gelesen – dann sprechen sie mich darauf an und ich lasse die Vergangenheit in diesem Moment wieder aufleben. Aber ich baue meine Zukunft nicht auf meiner Vergangenheit auf. Ich hole mir die guten Seiten daraus hervor, die bei mir Stärken herausgebildet haben, lebe aber immer zukunftsorientiert. Teilweise fällt es mir sogar schwer, in der Gegenwart zu leben, weil ich immer nach vorne presche und mein Fokus auf das Zukünftige gerichtet ist. Es freut mich jedoch, wenn ich andere Menschen durch die Erfahrungen aus meiner Vergangenheit inspirieren kann, die Hoffnung nicht aufzugeben, denn »Aufgeben tut man nur einen Brief«.

Meine Geschichte ist natürlich kein Patentrezept für andere Leben, aber wenn jemand von den Erfahrungen eines jungen Österreichers profitieren kann, dann erzähle ich gerne von meinen Erlebnissen. Denn es ist die Botschaft, dass es Hoffnung gibt.

Danksagung

An erster Stelle danke ich Gott, dass er ein gnädiger und liebevoller Gott ist. Er hat so viel mehr Gutes mit uns vor, als wir uns selbst vorstellen können.

Ich danke meinem Vater dafür, dass er mir unternehmerisches Denken mitgegeben hat. Außerdem danke ich ihm für seine Haltung, dass man im Leben nie aufgeben, sondern immer nach vorne schauen soll. Er wies mich immer wieder darauf hin, dass man nach Rückschlägen nicht liegen bleiben darf, sondern wieder aufstehen muss.

Ich danke meiner Mutter, die ich sehr liebe. Ich bin dankbar, dass sie mich geboren hat und ich auf der Welt sein darf. Sie hat alles für mich getan, was ihr nur möglich war, und dabei ihre eigenen Bedürfnisse hintenangestellt.

Meinem verstorbenen Stiefpapa Harald verdanke ich viel. Er nahm mich an wie seinen eigenen Sohn und begleitete mich selbstlos zu Ärzten und Kliniken an weit entfernte Orte. Das war ein praktischer Ausdruck seiner Liebe für mich.

Mein ganz besonderer Dank gilt meinem Onkel Roland, der mir von diesem wunderbaren Gott erzählte und mir erklärte, dass Gott mich über alles liebt und dass er uns die Entscheidung überlässt, ob wir auf ihn zugehen.

Ein ganz herzlicher Dank geht auch an meine Oma, die immer schon ein offenes Ohr für mich hatte. Sie hat meinen Traum, etwas zu schaffen, immer mit mir geteilt. Bei ihr habe ich beständig das Gefühl gehabt, dass sie mit mir mitfieberte. Das hat mich dann sehr motiviert und angetrieben, kontinuierlich neue Schritte zu gehen.

Ich danke meinem Opa, der mich durch seine ruhige und zurückhaltende Art lehrte, was es heißt, demütig und geduldig zu sein. Ohne viele Worte hat er mir nur durch sein Vorbild und durch seine Eigenart gezeigt, was es bedeutet, warten zu können und Bescheidenheit zu üben. Dies hat meinen Glauben und mein Leben, auch nach der Heilung, sehr geprägt.

Ich bedanke mich bei meiner Schwester, die in den Zeiten, in denen ich so krank war, sehr wenig Aufmerksamkeit erhielt, da sich alles in der Familie um mich drehte. Ich danke ihr, dass sie mich trotzdem geliebt und sich sogar selbst oft zurückgenommen hat, damit man sich um mich kümmern konnte.

Mein Dank gilt auch meinem Freund Andreas. Er hat mir immer auf seine überlegte und nüchterne Art aufgezeigt, dass man sich nicht zu sehr emotional in etwas hineinsteigern darf, dass man trotz Schwierigkeiten die positiven Seiten des Leben sehen, die Dinge abwägend betrachten und die Hoffnung behalten soll.

Ich danke meinem Freund Günther, dass er immer an mich glaubte. Er ist stets die Schritte mit mir gegangen und hat sich aufrichtig mit mir gefreut. Das zeichnet eine Freundschaft aus: dass sich ein anderer Mensch mitfreut und mitleidet.

Mein besonderer Dank gilt natürlich meiner Frau, die mich zwar erst als gesunden Menschen kennenlernte, mich aber seither auf meine Vorträge begleitet hat und die mich unterstützt, meine Träume und Visionen weiterzuverfolgen. Sie ist immer für mich da, ist mein Ruhepol und gibt mir das Gefühl, dass ich frei heraus sagen kann, was ich denke und möchte. Sie strahlt für mich Ruhe und Sanftheit aus, verhilft mir zu Ausgeglichenheit und schenkt mir das Gefühl, dass ich »angekommen« bin.

Und ich danke meinen Kindern, die Gott wunderbar gemacht hat und über die ich mich jeden Tag freue. Ich danke ihnen, dass sie mich lieben und schätzen, so wie ich bin. Sie geben mir das Gefühl, dass ich etwas hinterlasse, während sie groß werden. Ich darf etwas in ihre Herzen pflanzen und das ist das Schönste, was ein Vater erleben kann.

Ich möchte mich auch bei allen Ärzten bedanken, die mir während meiner Krankheit und Heilung geholfen haben. Ich schätze sie sehr.

Und nicht zuletzt bedanke ich mich bei jedem einzelnen Menschen, den Gott in mein Leben gebracht hat. Es ließen sich wahrscheinlich noch weitere Bücher schreiben über die Personen, denen ich begegnen durfte, die mich unterstützten und förderten, die mich motivierten und die mir zuhörten. Es würde den Rahmen dieses Buches sprengen, sie alle namentlich zu nennen, nichtsdestotrotz bedanke ich mich bei all denen, die mich auf einem Teil meines Weges begleitet haben.

Für Sie, lieber Leser!

Es freut mich, dass Sie mein Buch gelesen haben. Vielleicht wollten Sie bislang nichts von Gott wissen. Vielleicht wollen Sie es auch weiterhin nicht. Dann werden Sie dieses Buch wahrscheinlich beiseitelegen. Das steht jedem frei, denn eine Hinwendung zu Gott ist freiwillig. Aber wenn Sie es einmal selbst versuchen möchten, wie es ist, Ihr Leben mit ihm zu gehen, dann wagen Sie es. Im christlichen Glauben geht es in erster Linie um eine Beziehung zum Schöpfer – nicht um das genaue Einhalten von speziellen Riten, Regeln, Gesetzen und Ritualen. Man kann also ganz einfach selbst herausfinden, was es damit auf sich hat – wenn man bereit ist, das Wagnis des Glaubens einzugehen.

Ich hoffe, dass dieses Buch Sie inspiriert und motiviert hat, Gott zu vertrauen und Schritte im Glauben zu gehen, die Ihr Leben positiv verändern. Sie sollen wissen, dass ich alle Mitteilungen lese, die mich erreichen, und dass ich mich immer über Rückmeldungen freue.

Wenn Sie jedoch ganz persönliche Fragen haben, wenden Sie sich bitte an eine Person oder Kirche Ihres Vertrauens. Da ich sehr viel reise und auf Achse bin, habe ich leider nicht oft Zeit zu antworten.

Ich danke Ihnen für Ihr Verständnis und wünsche Ihnen Gottes Segen.

Alexander Egger

Anhang

1 Informationen sind folgenden Quellen entnommen (Stand 01.10.2012): www.dha-immuntherapie.de; www.helmholtz-muenchen.de/fileadmin/FLUGS/PDF/Themen/Krankheitsbilder/Neurodermitis_Entstehung.pdf; www.neurodermitis.net/pages/neurodermitis/die-11-thesen-der-neurodermitis.php

2 www.neurodermitis.net/pages/neurodermitis/die-11-thesen-der-neurodermitis.php

3 Markusevangelium Kapitel 5, 24-34

4 Johannesevangelium Kapitel 5, 1-15

5 2. Korintherbrief 6,2

6 Dies ist meine persönliche Lebensgeschichte und keine Ratgeber-Literatur. Ich spreche in diesem Buch keine allgemeingültigen Empfehlungen aus und rate auch nicht, ärztliche Behandlungen, Therapien oder die Einnahme oder Anwendung von Medikamenten abzubrechen.

7 Prediger 4, 12